우리집 인문학

일러두기

1. 단행본은 《 》, 신문·잡지·시·영화·그림·노래·글 등은 〈 〉로 표기했습니다.

2. 작품의 원문과 서술 방식을 살리고자 구어체 표현, 비속어, 방언 등을 사용했습니다.

3. 이 책에 수록된 모든 작품은 원문을 그대로 수록하고자 했으나, 출처가 여러 개인 경우 교과서를 기준
   으로 삼아 일부 내용이 다를 수 있습니다. 또한 문장 구조와 맞춤법 규칙에도 예외를 적용했습니다.

우리 집 인문학: 시

초판 1쇄 인쇄 2026년 1월 28일
초판 1쇄 발행 2026년 2월 11일

지은이 윤지선
감 수 임기환
펴낸이 고영성

책임편집 김주연 │ **디자인** studio forb
본문 일러스트 불곰

펴낸곳 주식회사 상상스퀘어
출판등록 2021년 4월 29일 제2021-000079호
주소 경기도 성남시 분당구 성남대로 52, 그랜드프라자 604호
팩스 02-6499-3031
이메일 publication@sangsangsquare.com
홈페이지 www.sangsangsquare-books.com

ISBN 979-11-24248-01-0 (세트)
ISBN 979-11-24248-00-3 44300

우리집 인문학

시가 묻고
역사가 답하다

윤지선 지음
임기환 감수

상상스퀘어

한 편의 시를 통해 배우는
우리 역사의 발자취

역사학자 E.H. 카는 "역사는 과거와 현재의 끊임없는 대화다"라고 했어요.

저는 여기에 하나를 더하고 싶습니다.

"시가 묻고, 역사가 대답하는 그 대화 속에서 우리는 우리 자신을 다시 만나게 된다."

이 책이 여러분의 하루에 조용히 말을 거는 한 권의 시집이자 역사책이 되기를 바랍니다. 가족이 함께 읽으며 마음을 나누고, 시를 노래하며 역사를 이해하는 그 순간이 빛나기를 바랍니다. 아이들이 우리의 시를 즐기며 역사를 궁금해하는 순간들이 자주 찾아오기를 바랍니다. 그리고 어느 날 문득 "역사는 내 삶의 이야기였구나"라고 깨닫기를 바랍니다.

저는 이 책을 쓰면서 아이들이 시험공부를 위해 달달 외워야 했던 시와 역사를 조금 더 쉽게 이야기하고 싶었습니다. 다정한 어른이 되어 시와 역사를 재미있게 속삭여 주고 싶었습니다. 문학이 내 삶이 되고 역사가 우리의 발자취임을 깨닫게 하고 싶었습니다.

시를 통해 삶을 들여다보고, 역사를 통해 삶의 뿌리를 배우는 일은 자연스럽고 아름다운 일입니다. 교단에서 아이들과 함께한 시간이 쌓일수록 '우리 아이들에게 시와 역사라는 세계를 어떻게 연결해 줄 수 있을까'라는 고민을 끊임없이 해 왔습니다.

오랜 고민 끝에 탄생한《우리 집 인문학: 시》는 한 편의 시를 통해 그 시대의 역사와 사람 그리고 마음을 함께 읽는 책입니다. 온 가족이 둘러앉아 함께 이야기 나누며 다정한 가정 독서를 할 수 있는 책입니다.

책에는 온전한 시 한 편을 실었고, 어려운 내용은 '시를 탐구하다'를 통해 쉽게 해석했습니다. 시의 주제를 관통하는 질문을 통해 주제 의식을 드러냈으며, 역사가 답해 줘야 할 시대정신을 물었습니다. 이에 역사는 친절하고 자세하게 대답합니다.

그 시대를 살았던 시인의 마음을 헤아리고, 그 마음이 탄생할 수밖에 없었던 시대 배경과 이야기들을 담아 보려 노력했습니다. 독자들이 시의 언어를 통해 역사에 다가서고, 시대의 맥락 속에서 시가 지닌 무게와 아름다움을 더 깊이 느낄 수 있기를 간절히 소망합니다.

예를 들어, 정몽주와 이방원이 주고받은 〈하여가〉는 단순한 충절의 시가 아닙니다. 그 시 속에는 나라의 운명이 걸린 순간, '선택'이라는 무게가 녹아 있습니다. 이 시를 통해 조선 건국의 흐름을 짚었고, 그 뒤에 숨겨진 인물 간의 긴장과 역사적 선택의 의미를 들여다보고자 했습니다. 단순히 역사적 사건을 요약하는 데 그치지 않고, '왜 이러한 시가 등장했는가?', '그 시대 사람들은 이 시를 어떻게 읽었을까?'를 함께 고민했습니다.

이 책은 어린이와 청소년, 부모와 교사, 모든 세대가 함께 읽기를 바라는 마음으로 쓰였습니다. 역사는 단지 외워야 할 연도나 사건이 아니라 우리 조상들이 남긴 발자취이자 오늘을 살아가는 우리의 이야기임을 말하고 싶었습니다.

제가 역사에 다가가기 위해 매개로 삼은 시는 우리 역사의 발자취 위에 핀 마음의 기록임도 알아주셨으면 좋겠습니다. 오늘의 숨결이 오늘 우리의 역사입니다. 우리 아이들이 우리 역사를 사랑하길 바랍니다.

추신: 시의 창작 시기와 역사적 사건은 연도가 정확히 일치하지 않습니다. 시인이 살았던 시대의 역사가 지금 우리에게 울림을 준다는 관점에서, 시를 창작한 연도가 아닌 시인이 살았던 시대를 기준으로 역사를 배치했습니다.

윤지선

차례

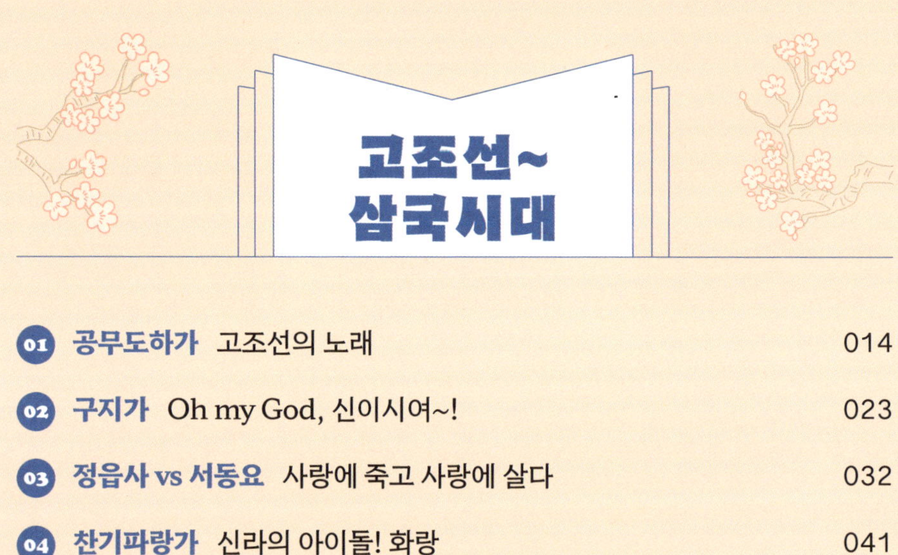

고려시대

조선시대

일제강점기

시가 물고 역사가 답하다
철학이 묻고 역사가 답하다
세계지형이 묻고 역사가 답하다

고조선~
삼국시대
조선 시대
개화기~1910
1920~1945
광복이후
1990년대 이후

공무도하가(공후인)

고조선의 노래

Q. 그대여! 그 강을 왜 건너려고 하십니까?

공무도하가

- 백수광부의 아내

- 여옥

公無渡河 공 무 도 하

公竟渡河 공 경 도 하

墮河而死 타 하 이 사

當奈公何 당 내 공 하

공무도하가(公無渡河歌)

　'공무도하'는 '나의 님아! 제발 그 강을 건너지 마세요'라는 뜻을 가지고 있어요. 물을 건너면 죽는다는 걸 아는 아내는 남편을 말리지만 뜻대로 되지 않고 이내 남편은 죽고 말죠. 죄책감과 슬픔을 담아 부른 노래가 바로 공무도하가입니다.

- 백수광부(白首狂夫)**의 아내**
머리가 하얀 미친 남자의 아내

- 여옥(麗玉)
목격자인 뱃사공 곽리자고의 아내

公 無 渡 河 공 무 도 하
(직역) 임이여, 그 강을 건너지 마오.
(해석) 사랑하는 그대여, 그 강을 건너면 안 돼요.

公 竟 渡 河 공 경 도 하
임은 끝내 강을 건너시네.
그래도 끝내 당신은 그 강을 건너시네요.

墮 河 而 死 타 하 이 사
물에 빠져 돌아가셨으니
물에 빠져 당신이 돌아가셨으니

當奈公何 당내공하

당신을 어찌해야 합니까? 나는 어떻게 살아야 할까요.

시와 함께 전해지는 이야기

〈공무도하가〉는 고조선시대에 창작된, 현재까지 전해지고 있는 우리나라에서 가장 오래된 시예요. 이 시에는 다음과 같은 이야기가 전해지고 있어요.

옛날 고조선시대에 곽리자고(霍里子高)라는 뱃사공이 새벽에 배를 저어 가고 있었어요. 그때 머리가 하얗게 센 미친 남자(백수광부)가 머리를 풀어 헤치고 술병을 들고 비틀대며 물속으로 들어가는 걸 목격했어요. 그의 뒤에는 그를 말리기 위해 따라온 아내가 울부짖고 있었지만, 그 남자는 도통 멈추지 않고 물에 들어가요. 남편은 결국 물에 빠져 죽고, 그녀는 망연자실 앉아 있다가 어디선가 공후(箜篌)라는 악기를 가져와 공무도하를 구슬프게 노래하며 연주했어요. 그녀는 슬픔에 몸부림치다 때로는 체념한 듯한 모습도 보였죠. 곡을 다 마친 그녀는 남편을 따라 이내 강물 속으로 들어갑니다. 이 모습을 지켜본 곽리자고는 집에 돌아와 그의 부인 여옥에게 이야기와 노래를 전해 주었어요. 슬픈 사연에 여옥은 말없이 공후를 꺼내 켜면서 〈공무도하가〉를 불렀다고 해요. 이 노래를 들은 수많은 사람이 눈물을 흘리며 슬퍼했다고 합니다. 여옥은 이 노래와 곡을 이웃 여자 여용(麗容)에게 전수했으니 그 노래를 '공후인'이라 했다고 해요. 그래서 〈공무도하가〉의 다른 제목은 〈공후인〉이에요.

소공후, 국립국악원

하지만 남편이 죽었는데 악기를 가져와 켰다는 건 좀 이상하죠? 그래서 〈공무도하가〉의 작가는 백수광부의 아내가 아니라 광경을 목격한 뱃사공의 부인 '여옥'일 것이라는 설도 있답니다.

시의 시대 배경

이 시와 이야기는 본래 중국 문헌에 기록되어 있어요. 그런데 조선 시대 문인들이《해동역사》등 여러 책에서 인용하고 소개하면서 알려지게 되었지요. 이 시가 중국 문헌에 기록되어 있다는 점은 시의 시대 배경을 이해하는 데 중요해요. 왜냐하면 고조선이 중국 한나라의 침공을 받아 멸망하고, 그 땅에 낙랑군이 설치된 이후에 많은 중국인이 건너와 이곳에서 살며 본국과 교류했기 때문이에요. 이때 이 작품과 이야기가 수집되어 중국 문헌에 전해졌다고 볼 수 있어요.

고조선과 단군신화

이 시가 탄생한 우리나라 최초의 국가 고조선에 대해 알아볼게요. 고조선 하면 '단군신화'부터 떠오를 거예요. 누구나 다 아는 것 같아도 잘 모르는 단군신화. 꼼꼼하게 살펴볼까요? 우리가 평소 알고 있는《삼국유사》만이 아니라《제왕운기》의 단군신화도 함께 읽어 보아요.

《삼국유사》에는 이렇게 기록되어 있어요.

옛날 환인의 서자(庶子 : 장남이 아닌 차남 이하의 아들) 환웅이 자주 세상에 내려가 인간 세상을 구하고자 하므로, 아버지가 환웅의 뜻을 헤아려 천부인(天符印) 3개를 주어 세상에 내려가 사람을 다스리게 하였다. 환웅이 무리 3000명을 거느리고 태백산 꼭대기의 신단수(神壇樹) 밑에 내려와 그곳을 신시(神市)라 이르니 그가 곧 환웅천왕이다. 그는 풍백(바람신), 우사(비신), 운사(구름신)을 거느리고 곡식, 수명, 질병, 형벌, 선악 등 무릇 인간의 360여 가지 일을 맡아서 세상을 다스렸다. 이때 곰 한 마리와 범 한 마리가 있어 같은 굴 속에 살면서 환웅에게 사람이 되게 해달라고 빌었다. 환웅은 이들에게 신령스러운 쑥 한 줌과 마늘 20쪽을 주면서 이것을 먹고 100일 동안 햇빛을 보지 않으면 사람이 된다고 일렀다. 곰과 범이 이것을 받아서 먹고 근신하였는데 삼칠일(21일) 만에 곰은 여자의 몸이 되었으나 범은 이것을 못 참아서 사람이 되지 못하였다. 웅녀는 그와 혼인해 주는 이가 없으므로 신단수 아래에서 아이를 가지게 해 달라고 기원하였다. 이에 환웅이 잠시 변해 혼인하여 아이를 낳으니 그가 곧 단군왕검(壇君王儉)이다.

단군왕검 신화는 이승휴(1224~1300)가 쓴 《제왕운기》에도 기록되어 있어요. 위의 신화와는 무엇이 다른지 비교하면서 읽어 봐요.

상제(上帝 : 하느님) 환인에게 서자가 있었는데 이름을 웅(雄)이라고 하였다. (환인이) 말하기를, "삼위태백(삼위산, 태백산)에 내려가 인간을 널리 이롭게 할 수 있겠는가?" 하였다. 그리하여 환웅은 천부인 3개를 받고 무리 3000명을 거느리고 태백산 정상 신단수(神檀樹) 아래에 내려왔다. 이가 환웅천왕이다. … 손녀로 하여금 약을 먹고 사람이 되게 하였다. 그녀가 단수신(檀樹神)과 혼인하여 아들을 낳으니 단군(檀君)이라 하였다. 단군은 조선의 땅을 차지하여 왕이 되었다.

두 신화에는 어떤 공통점과 차이점이 있을까요? 신화의 주인공들인 환인, 환웅천왕, 단군은 공통되지요. 그런데 단군의 부모가 달라요. 《삼국유사》에는 환웅과 웅녀가 결혼해서 단군을 낳았다고 되어 있는데, 《제왕운기》에는 환웅의 손녀가 단수신과 결혼해서 단군을 낳았다고 되어 있어요. 이처럼 유사하면서도 차이가 있는 단군신화가 있다는 점은 고려 말기까지 여러 형태의 단군신화가 전해지고 있었음을 보여주죠.

또 단군과 신단수의 한자 표기가 다른 점을 설명하기도 해요. 단군과 신단수의 '단'이 《삼국유사》에서는 '제단 단(壇)'자로, 《제왕운기》에서는 '박달나무 단(檀)'자로 쓰고 있어서 그 뜻이 조금 다르지요. 《삼국유사》의 '단(壇)'이 제사장의 의미가 강조된다면, 《제왕운기》의 '단(檀)'은 수목신을 더 부각하는 뜻이 있어요. 물론 두 글자 모두 단군이 어떤 신앙의 제사장을 가리키고 있다는 점에서 서로 통하지만요.

이렇게 보면 '단군왕검'이 어떤 뜻인지 알겠지요? 단군은 제사장이란 뜻이고, 왕검은 임금이라는 뜻이에요. 제사장이면서 임금인 단군왕검은 제정일치 사회의 최고 권력자로 해석할 수 있어요. 그리고 신화에서 곰이 웅녀가 되었다는 내용은 토테미즘으로, 곰을 숭배하는 어떤 부족의 여인과 환웅이 결혼하여 단군을 낳았다고 해석할 수도 있어요. 환웅도 물론 하늘의 신을 믿는 부족을 뜻한다고 볼 수 있고요.

일연과 이승휴는 왜 단군신화를 기록했을까?

《삼국유사》는 고려 후기 1281년(충렬왕 7년)에 일연(1206~1289)이 쓴 역사서로, 현재까지 전해지는 우리 역사서 가운데 최초로 단군신화를 수록했어요. 그리고 《제왕운기》는 고려 후기의 학자인 이승휴가 1287년(충렬왕 13년)에 저술했어요. 일연과 이승휴는 몽골의 침입으로 어려운 시기를 살았던 사람들이에요. 당시 고려는 몽골 침략에 대항하여 오랫동안 항전하면서 민족의 자주 의식이 높아져 있었어요. 일연과 이승휴는 몽골의 간섭을 받으면서 힘든 시기를 겪는 고려 백성들에게 희망을 주고 싶었을 거예요. 하늘의 후손인 '단군왕검'과 그가 세운 고조선을 통해 고려인들의 자부심을 깨우고 애국심을 북돋우려 했던 것이지요.

최초의 국가 고조선

고조선의 본래 국가 명칭은 '조선'이에요. 《삼국유사》에서 고조선이라고 한 것은 위만조선과 구분하려고 그보다 오래된 '옛조선'이란 뜻으로 사용했어요. 《제왕운기》에서는 '앞조선'이란 뜻으로 '전조선'이라고 불렀답니다. 그런데 그 뒤에 이성계가 조선 왕조를 세우면서 이와 구분하고자 고조선이라는 명칭이 널리 사용되었어요. 현재는 위만조선을 포함하여 그 이전의 조선을 모두 '고조선'이라 부릅니다.

중국 기록에도 '조선'이라는 국가가 기원전 7세기 무렵부터 보이고 있어요. 우리 역사에서 최초의 국가이지요. 고조선은 청동기시대에 등장해 점점 큰 국가로 성장했고, 중국의 여러 나라와 교류하거나 전쟁을 치르기도 했어요. 중국에서 진나라가 한나라로 바뀌는 혼란기에 위만이 고조선으로 들어와 준왕을 내쫓고 왕위에 올랐는데 이를 위만조선이라고 불러요. 위만조선은 철기 문화를 바탕으로 영토를 확장하고 지리적 이점을 이용해 중계 무역을 하며 발전했지요. 그러다가 중국 한 무제의 침공을 받아 기원전 108년에 멸망했어요.

고조선의 땅에는 낙랑군이 설치되었고, 중국으로부터 이주민과 새로운 문화가 들어오면서 고조선 사회는 크게 변화해 갔어요. 만약 백수광부를 제사장이나 무당이라고 본다면, 새로운 사상과 문화가 들어오면서 과거 제사장의 역할이 점점 줄어가는 모습을 반영한 것으로 볼 수 있어요. 〈공무도하가〉와 그 이야기는 고조선 사회가 그런 변화를 겪었던 때에 만들어지고 중국에 전해졌을 거예요.

02

구지가

Oh my God, 신이시여~!

Q. 거북이의 머리는 무엇을 의미하는 걸까요?

구지가

- 구간 등

龜何龜何	구하구하
首其現也	수기현야
若不現也	약불현야
燔灼而喫也	번작이끽야

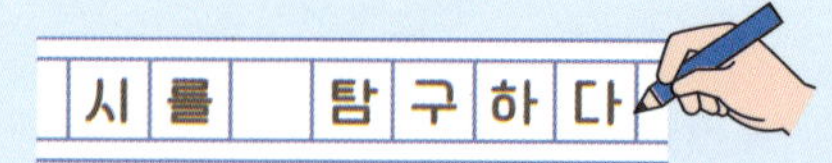

구지가(龜旨歌)

거북 구(龜), 맛있을, 뜻 지(旨), 노래 가(歌)
김해 구지봉에서 부른 노래

- 구간(九干) 등

〈구지가〉는《삼국유사》에서 전하고 있는 고대 가요예요. 주술적 의미를 띤 집단적 노동요라고 주로 해석해요. 작가를 '구간 등'으로 표시한 것은 아홉 명의 구간(아도간, 여도간, 피도간, 오도간, 유수간, 유천간, 신천간, 오천간, 신귀간)이 김해 지역을 다스리다 하늘에서 내려 주는 수로왕을 맞이하는데 주위에 있던 수백 명이 함께 부른 노래이기 때문이에요.

龜 何 龜 何 구 하 구 하

거북아, 거북아

신령스러운 존재야

무당이 대상을 부르는 것과 비슷해요. 주술적 성격의 노래에는 처음에 이름을 부르는 '호명'이 놓여요. 여기서 거북이는 실제 거북이가 아닌 신령스러운 존재를 현실로 불러내는 것을 말해요.

首 其 現 也 수 기 현 야

머리를 내밀어라.

왕을 내려 줘. 왕의 모습을 보여 줘.

왕이 나타나 백성을 구제하고 좋은 나라를 만들어 달라는 구간들의 마음

을 명령형으로 표현해요. 어서 나와 우리의 소원인 좋은 나라를 만들어

달라는 간절한 소망을 나타내는 거죠.

若 不 現 也 약 불 현 야

내놓지 않으면

만약 보여 주지 않으면

"만약 ~하지 않으면 ~하겠다"라는 엄청난 강요예요. 만약 약(若)에 아니

불(不)자는 만약 하지 않으면 뭔가 큰일이 날 것 같은 암시를 보여주죠.

燔 灼 而 喫 也 번 작 이 끽 야

구워 먹으리.

가만두지 않을 거야.

'불'은 인간 문명 발달의 수단이자 위협의 도구였어요. '구워 먹겠다'는

'불로 너를 응징하겠다'라는 의미의 강력한 위협이라고 볼 수 있어요. 이

부분에서 강력한 주술적 의도를 엿볼 수 있지요.

시의 창작 배경 및 상황

〈구지가〉는 가락국 건국 신화 속의 고대가요로, 가락국의 주민들이 임금을 맞

이하려고 부른 주술적인 가요예요. 이 가요는 영신군가(신을 맞이하는 임금의 노래)

에 해당하며, '구지봉'에서 불렀기에 '구지봉영신가'라고도 해요. 당시 노래는 우

리말로 불렀겠지만, 우리 문자가 없던 때라 한자 시 형태로 전해지고 있지요.

수백 명이 모여 흙을 두드리며 노래를 부르는 상황을 상상해 보면 춤과 가락

이 어우러진 하나의 공연을 보는 것도 같아요. 이에 〈구지가〉를 춤과 가락이 어

우러진 원시 예술의 종합적인 형태로 해석하기도 한답니다. 또한 이 노래는 "만

약 ~하지 않으면 ~할 거야"처럼 강력한 위협을 통해 목표를 이루려는 주술 문학

의 특성도 잘 보여 주고 있어요.

사실 거북이를 위협하며 머리를 내어 달라는 상황을 상상해 보면 재미있기도 하고 웃기기도 해요. 대체 왜 사람들은 거북이를 위협하는 노래를 불렀던 걸까요? 그런데 이 노래를 그대로 받아들이면 오해하기 쉬운 점이 있어요. 사람들이 거북이를 부르며 위협한 대상은 실제 거북이가 아니었어요. 거북 모양의 봉우리인 구지봉의 흙을 파고 두드리며 불렀다는 점에서 신에게 뭔가를 간절히 바라는 모습처럼 느껴져요. 무엇을 이리도 애타게 빌었을까요? 그 이유를 역사 속에서 찾아볼게요.

구지가, 부산일보(2009.01.24.)

〈구지가〉와 건국 이야기

〈구지가〉는《삼국유사》에 수록된《가락국기》에서 찾아볼 수 있어요. 《가락국기》는 금관가야(가락국)의 역사를 기록한 것으로, 이 나라의 멸망까지 다루고 있기 때문에 매우 길어요. 여기서는 〈구지가〉와 관련된 건국 설화 부분만 살펴볼게요.

① (천지가) 개벽한 뒤 이 땅에는 아직 나라의 이름이 없었고, 임금과 신하라는 이름도 없었다. 아도간(我刀干)·여도간(汝刀干)·피도간(彼刀干)·오도간(五刀干)·유수간(留水干)·유천간(留天干)·신천간(神天干)·오천간(五天干)·신귀간(神鬼干) 등 9간(干)이 있었다. 이들 추장이 백성을 이끌었으며, 모두 100호(집)에 7만 5000명이었다. 많은 사람이 산과 들에 모여 우물을 만들고 밭을 일구어 먹고 살았다.

② 때는 서기 42년 3월 계욕(禊浴: 삼월 삼짇날 목욕을 통해 몸을 정화하는 일)하는 날이었다. 마을 북쪽 구지(龜旨)(이는 산봉우리 이름인데 여러 마리 거북이 엎드린 모양과 같아 그렇게 불렀다)에서 수상한 소리로 부르는 기

척이 있었다. 2~300명이 이곳에 모여 있었는데 사람 소리 같은 것이 있었다. 그 모습은 숨기고 소리만 내며 말하기를 "여기에 사람이 있느냐?"라고 묻자, 구간 등이 이르기를 "저희들이 있습니다"라고 하였다. 또 말하기를 "우리들이 있는 곳이 어디인가?"라고 묻자, 대답하기를 "구지(龜旨)입니다"라고 하였다. 또 말하기를 "하늘이 우리에게 명하기를, '이곳에 가서 새로운 나라를 세우고 임금을 만들라'라고 하였기 때문에 내려온 것이다. 너희들은 모름지기 산봉우리 꼭대기의 흙을 파면서, '거북아 거북아, 머리를 내밀어라. 만일 내밀지 않으면 구워 먹으리'라고 노래를 부르면서 발을 구르고 춤추어라. 그러면 대왕을 맞이하게 되어 기뻐서 춤추게 될 것이다"라고 하였다. 얼마 지나지 않아 하늘을 우러러 쳐다보니 자주빛 줄이 하늘에서 드리워져 땅에 닿았다. 그 줄의 끝을 찾아보니 붉은 보자기에 쌓인 금빛 상자가 있었다. 열어 보니 해처럼 둥근 황금 알 6개가 있었다. 사람들이 모두 놀라고 기뻐하여 함께 수없이 절하였다. 얼마 뒤에 그 알을 다시 싸서 안고 아도간(9간 중 한 사람)의 집으로 돌아와 책상 위에 두고 그 무리들은 흩어졌다.

③ 그 뒤 12시간이 지나 이튿날 아침에 무리들이 다시 모여서 그 상자를 열었다. 여섯 알은 모두 여섯 어린아이가 되어 있었는데, 용모가 매우 훤칠하였다. 이내 평상 위에 앉으니 여러 사람들이 축하하며 절하고 정성을 다해 공경하였다. (그들은) 나날이 자라서 10여 일이 지나니 키는 9척(약 2미터로 예상)이 되었다. … 그가 그달 보름에 왕위에 올랐다. 세상에 처음 나타났다고 해서 이름을 수로(首露)라고 하였다. 또

나라 이름을 대가락 또는 가야국이라고도 하였는데, 여섯 가야 중의 하나이다. 나머지 다섯 사람도 각각 다섯 가야의 임금이 되었다.

왜 대부분 나라의 시조들은 알에서 태어난 걸까?

신라의 '박혁거세', 고구려의 '주몽', 가야의 '수로'는 모두 알에서 태어난 난생신화를 가지고 있어요. 그건 바로 알의 둥근 모양 때문인데요. 옛날 사람들은 하늘을 동그랗다고 생각했어요. 또 신성한 태양도 둥근 모양이잖아요. 당시 사람들에게 둥근 것은 '하늘', 즉 신성함을 의미했고, 일반 사람과 다른 탄생의 신비를 보여 줌으로써 비범함을 강조한 것으로 볼 수 있어요. 또한 하늘에서 내려왔다는 것은 다른 곳에서 이주해 왔다는 사실을 암시하고 있어요.

《삼국사기》에는 왜 가야국 설화를 기록하지 않았을까?

《삼국사기》를 지은 김부식은 고구려, 백제, 신라의 역사만 기록했어요. 가야는 6세기 중반에 일찍 신라에 복속되어서인지 삼국의 역사에 포함하지 않았어요. 가야의 자료가 부족했던 것도 그 이유였을 거예요. 그렇지만 《삼국사기》에 가야의 건국 설화가 일부 남아 있어요. 《김유신 열전》의 첫머리 부분에는 김유신 가문의 내력과 함께 김수로가 가야를 건국한 사실이 간략히 기록되어 있어요.

김유신의 12대 조상인 수로왕은 어떤 사람인지를 모른다. 서기 42년에 구봉(龜峰)에 올라 가락 9촌을 바라보고, 그곳에 가서 나라를 열고 이름을 가야라고 하였다. 후에 금관국으로 고쳤다. 그 자손이 대대로 왕위를 계승하였다.

수로가 구봉에 올라 9촌을 바라보고 가야를 세웠다는 내용은《가락국기》에 보이는 김수로의 건국 설화와 비슷하지만, 하늘에서 내려왔다거나 알에서 태어났다는 이야기는 없어요. "수로왕은 어떤 사람인지를 모른다"라고 쓴 걸 보면 가야에 대한 정보가 매우 부족했음을 알 수 있어요.

가야의 역사

가야는 삼국시대에 고구려, 백제, 신라와 함께 발전했던 국가였어요. 가락국 건국 설화에는 6가야가 있다고 했는데, 실제는 더 많은 소국이 모여서 연맹체를 이루었지요. 가야연맹은 삼한 중 변한 지역에서 발전한 국가로 6세기 중엽까지 이어졌기 때문에 삼국시대가 아니라 사국시대라고 불러야 한다는 주장도 있어요. 그만큼 가야는 삼국 못지않게 번성했던 국가라는 뜻이지요.

변한과 가야는 중국이나 낙랑군, 백제, 왜로 이어지는 해상 교통의 요충지라서 해상 무역을 통해 성장했어요. 특히 철이 많이 생산되어 다른 지역에 철기를 많이 수출했지요. 처음에 김해 지역에 자리 잡은 금관가야가 연맹의 맹주(우두머리)가 되어 발전했는데, 광개토대왕 때 고구려의 공격으로 세력을 잃었고, 5세기 중엽부터는 고령 지역의 대가야가 중심이 되어 가야연맹을 이끌었어요. 그러나 전체를 통합하지 못하고 백제와 신라의 공격에 분열되었어요. 결국 금관가야는 532년에 신라 법흥왕에 의해 멸망했고, 대가야는 562년에 신라 진흥왕에 의해 멸망했어요.

　그런데 놀랄 만한 사실이 있어요. 가야는 망했지만 왕족들은 신라의 진골이 되어 역사에서 중요한 역할을 했어요. 금관가야의 마지막 왕인 구형왕의 후손들은 장군으로 크게 활약했답니다. 바로 삼국통일의 큰 업적을 이룬 김유신이 대표적이지요. 설총, 최치원과 함께 신라 3대 문장가로 손꼽히는 '강수'도 가야 사람이었고, 가야금 하면 떠오르는 '우륵'도 가야에서 망명한 사람이지요. 가야는 멸망했으나 그 지혜와 정신은 계속 이어져 우리 역사를 발전시켰다는 점을 기억하면 좋겠어요.

03

정읍사 vs 서동요
사랑에 죽고 사랑에 살다

Q. 진정한 사랑이란 무엇일까요?

정읍사

- 어느 행상인의 아내

둘하 노피곰 도두샤

어긔야 머리곰 비취오시라

어긔야 어강됴리

아으 다롱디리

져재 녀러 신고요

어긔야 즌 ᄃᆡ를 드ᄃᆡ욜세라

어긔야 어강됴리

어느이다 노코시라

어긔야 내 가논 듸 졈그룰셰라

어긔야 어강됴리

아으 다롱디리

서동요

- 서동

善花公主主隱	선화공주주은
他密只嫁良置古	타밀지가량치고
薯童房乙	서동방을
夜矣卯乙抱遣去如	야의묘을포견거여

정읍사(井邑詞)

정읍은 전라도 전주의 정읍 마을, 말씀 사(詞)

- 어느 행상인의 아내

돌하 노피곰 도두샤

달님 높이 높이 돋으시어

어긔야 머리곰 비취오시라

아! 멀리 멀리 비쳐 주세요.

어긔야 어강됴리

아으 다롱디리

(뜻 없는 여음구, 조음구)

져재 녀러 신고요

시장에 가 계신가요?

어긔야 즌 디룰 드디욜셰라

아! 진 곳을 디딜까 두렵습니다.

어긔야 어강됴리

어느이다 노코시라

어느 것이나 다 놓아 버리세요.

어긔야 내 가논 디 졈그룰셰라

아! 내 님 가는 그 길 저물까 두렵습니다.

어긔야 어강됴리

아으 다롱디리

둘: 소망의 대상 ↔ 즌 딕: 위험과 위협의 대상

서동요(薯童謠)

참 마, 감자 서(薯), 아이 동(童), 노래 요(謠)
마를 파는 아이 서동의 노래 또는
산나물을 캐어 생활을 이어 가던 소년의 무리인 '서동들'의 노래

-서동(薯童)

서동(600~641)은 백제 30대 무왕(武王)을 말한다고 전해짐

善花公主主隱 선화공주주은

선화공주(善花公主)니믄

선화공주님은

他密只嫁良置古 타밀지가랑치고

눔 그스지 얼어 두고

남몰래 정을 통해 두고

薯童房乙 서동방을

맛둥 바올

맛둥(서동) 도련님을

夜矣卯乙抱遣去如 야의묘을포견거여

바미 몰 안고 가다.

밤에 몰래 안고 간다.

시의 창작 배경 및 상황

〈정읍사〉는 현재 전하고 있는 유일한 백제 노래예요. 물론 이 시의 창작 시기를 통일신라 또는 고려 때의 노래로 보는 견해도 있긴 하지만, 무엇보다 한글로 기록되어 전하는 고대가요 중 가장 오래된 작품이라는 점이 중요해요. 〈정읍사〉는 빛과 어둠의 대립 구조를 통해 행상을 떠난 남편의 무사 안녕을 달님께 기원하는 아내의 사랑이 가득 담긴 노래예요. 달은 높은 곳에 있는 광명(빛)의 상징이고 어둠 속에 있을지 모르는 남편을 지켜 주는 신과 같은 존재예요. 남편이 돌아오면 아내의 근심 걱정도 사라질 테니 아내의 인생을 밝혀 주는 존재로도 해석할 수 있어요.

다음은 《고려사 악지》의 〈삼국속악 백제조〉에 나와 있는 내용이에요.

정읍은 전주에 소속된 현(縣)이다. 이 고을 사람이 행상을 떠나 오래도록 돌아오지 않았다. 그 아내는 산 위 바위에 올라가 남편이 있을 먼 곳을 바라보면서 남편이 밤길에 오다가 해를 입지나 않을까 염려하였다. 고개에 올라 남편을 기다리던 아내는 언덕에 망부석으로 변해 남아 있다고 한다.

흔히 사랑하는 님을 애타게 기다리는 여인을 가리켜 '망부석'이 되었다고 하잖아요. 〈정읍사〉는 망부가의 한 유형으로도 볼 수 있어요. 〈정읍사〉 구절구절에 여인의 마음이 얼마나 간절한지 녹아 있거든요. 달님에게 남편의 안전을 바라고, 혹시 어둡고 위험한 곳을 디딜까 두려워하는 염려가 가득 담겨 있어요.

〈서동요〉는 현존하는 향가 중 가장 오래된 작품이에요. 향가 중 유일하게 동요의 성격을 지닌 작품이기도 하지요. 백제의 마 캐는 아이 서동이 신라 진평왕의 딸 선화공주와 결혼하기 위해 만들었다는 〈서동요〉는 사랑을 차지하기 위한 치밀한 계획을 담고 있어요. 신분이 높은 공주를 감히 마를 캐는(당시는 감자, 고구마가 없었던 시대였음) 아이가 넘볼 수 있었을까요? 그래서 고귀한 신분의 선화공주가 남몰래 결혼했다는 유언비어를 퍼뜨려 선화공주를 얻기 위한 계략을 짠 것이지요.

　그럼 서동은 어떤 인물이었을까요? 서동은 과부의 아들인데 그 어머니가 용과 만나 서동을 낳았다는 전설이 있어요. 탄생 자체가 비범하지요? 서동은 진평왕의 셋째 딸 선화공주가 아름답다는 소문을 듣고는 경주로 달려가 아이들에게 마를 나눠 주며 이 노래를 부르게 했다고 해요. 이 노래를 들은 진평왕은 왕실의 권위를 무너뜨렸다며 선화공주를 유배 보냈고, 유배 과정에서 서동이 그녀를 보호하면서 둘의 사랑이 싹텄어요. 결국 서동은 신라의 사위가 되었고, 백제와 신라는 가족이 되었지요.

백제의 지방, 정읍 이야기

정읍은 오늘날로 따지자면 도청소재지와 같은 곳이었어요. 이곳은 백제시대에 중요한 지방도시였기에 지배층뿐만 아니라 상인 등 여러 계층이 함께 살고 있었어요. 〈정읍사〉의 주인공인 남편도 상인 중의 한 사람이었겠지요.

백제시대 정읍은 정촌(井村)으로 불렸는데, 통일신라 경덕왕 때 명칭을 정읍으로 바꾸었지요. 이때 정읍이 속해 있던 완산주도 전주가 되었어요. 이러한 명칭들 때문에 〈정읍사〉가 백제 때가 아니라 통일신라 경덕왕 이후에 만들어진 노래라는 견해도 있어요.

서동과 백제 무왕 이야기

《삼국유사》에서는 〈서동요〉의 주인공인 서동을 백제 무왕이라고 전하고 있어요. 아무리 설화라고 하지만, 나중에 왕이 될 인물을 마를 캐며 홀어머니를 모시고 사는 가난한 평민으로 묘사한 점은 아무래도 잘 이해되지 않지요. 무왕은 어떤 정치적인 이유로 궁궐에서 왕자로 자

미륵사지 서탑 복원, 위키백과

금제 사리봉안기, 국립익산박물관 누리집

라지 못하고 어린 시절에 어려운 성장 과정을 거쳤고, 그 사실이 서동으로 비유된 것이 아닌가 추정하고 있어요. 서동과 선화공주의 설화도 《삼국유사》에 전해지고 있어요. 미륵사를 만든 설화이지요. 그 내용은 다음과 같아요.

하루는 무왕과 선화공주가 사자사의 지명법사를 만나러 가는 길에 용화산 아래의 큰 못 속에서 '미륵삼존'이 나타났다. 두 사람은 수레를 멈추고 내려와 공손하게 절을 했다. 선화공주는 "이곳에 큰 절을 지어 주십시오, 그것이 제 소원입니다"라고 무왕에게 말했다. 지명법사는 하룻밤 사이에 산을 무너뜨려 못을 메우고 평지를 만들었다. 무왕은 부처님을 모시는 법전과 탑과 회랑을 미륵삼존의 모습에 따라 세 곳에 만들었고, 절의 이름을 '미륵사'라 하였다.

지금 익산에 남아 있는 절터가 바로 이 미륵사예요. 이 절터에는 3개의 탑이 있었으나, 현재는 서쪽의 석탑만 일부 무너진 채 남아 있어요. 그런데 2009년에 이 서탑을 해체하고 복원하는 과정에서 귀중한 유물이 발견되었어요. 바로 '금제 사리봉안기'예요. 이 봉안기에는 미륵사를 창건하고 사리를 봉안한 내용이 기록되어 있답니다.

찬기파랑가

신라의 아이돌! 화랑

찬기파랑가

- 충담사

咽鳴爾處米	늣겨곰 브라매
열오이처미	
露曉邪隐月羅理	이슬 볼갼 두라리
로효사은월라리	
白雲音逐于浮去隐安支下	힌 구룸 조초 뻐간 언저레
백운음축우부거은안지하	
沙是八陵隐汀理也中	몰이 가룬 믈서리여히
사시팔릉은정리야중	
耆郎矣皃史是史藪邪	기랑(耆郎)이 즈싀올시 수프리야
기랑의모사시사수사	

逸烏川理叱磧惡希　　　　　일오(逸烏) 나릿 지벼긔
일오천리질적오희

郎也持以支如賜烏隱　　　　낭(郎)이여 디니더시온
낭야지이지여사오은

心未際叱肹逐內良齊　　　　ᄆᆞᅀᆞᄆᆡ ᄀᆞᇫ 좇ᄂᆞ라져
심미제질힐축내량제

阿耶栢史叱枝次高支好　　　아야 자싯가지 노포
아야백사질지차고지호

雪是毛冬乃乎尸花判也　　　누니 모ᄃᆞᆯ 두폴 곳가리여
설시모동내호시화판야

시를 탐구하다

찬기파랑가(讚耆婆郞歌)

기릴 찬(讚), 기파랑(耆婆郞), 노래 가(歌)

화랑이었던 '기파랑'을 찬양하는 노래

- 충담사(忠談師)

신라 35대 경덕왕 때 승려.
경덕왕의 부탁으로 백성을 다스릴 노래 〈안민가〉를 지어
충담이라는 이름을 얻었음

늦겨곰 ᄇᆞ라매

흐느끼며 바라보매

기파랑을 볼 수 없는 화자의 슬픔

이슬 ᄇᆞᆯ갼 ᄃᆞ라리

이슬 밝힌 달이

달은 광명, 우러르고 싶은 대상으로 기파랑을 달로 비유

힌 구룸 조초 뼈간 언저레

흰 구름 따라(좇아) 이동한 언저리에

몰이 가ᄅᆞᆫ 믈서리여ᄒᆡ

모래 가른 물가에

물은 고귀하고 깨끗한 모습으로 기파랑을 숭고하게 표현

기랑(耆郞)ᄋᆡ 즈ᅀᅵ올시 수프리야

기랑의 모습이올시 수풀이여.

즈ᅀᅵ올시 : 모습과도 같은, 수풀을 보고 기파랑인 줄 착각할 정도로 기파랑을 그리워함

일오(逸烏) 나릿 지벼긔

일오내 자갈 벌에서

일오(逸烏) 나릿 : 일오라는 냇물

낭(郞)이여 디니더시온

낭이 지니시던

ᄆᆞᅀᆞᄆᆡ ᄀᆞᆺ술 좃ᄂᆞ라져

마음의 갓(끝)을 좇고 있노라.

기파랑의 뜻을 따르겠다는 마음

아야 자싯가지 노포

아아 잣나무 가지가 높아

잣나무에 빗대어 기파랑의 지조와 절개를 찬양

누니 모들 두폴 곳가리여

눈이라도 덮지 못할 고깔(화랑의 우두머리)이여.

눈이라는 시련과 역경도 이겨낼 정도로 고고한 기파랑의 기상을 예찬

시의 창작 배경 및 상황

〈찬기파랑가〉는 10구체 향가로 '기파랑'이라는 화랑을 찬양한 노래예요. 향가는 신라시대부터 고려시대 초, 중기까지 창작된 문학 형식의 하나로, 주로 신라 때 만들어지고 불렸어요. 향가는 보통 향찰로 표기되어요. 향찰은 한자를 빌려와 우리나라 문법에 맞게 음(소리) 차와 훈(뜻) 차를 뒤섞어 쓰는 방식이에요. 10구체 향가에서 9행의 첫머리에는 주로 '아으' 등의 감탄사를 넣는데, 이 작품에도 '아야'라는 감탄사가 쓰였어요. 시조의 초장, 중장, 종장 중 종장 첫 부분에 영탄구(감탄)를 넣는 경우가 있어서 10구체 향가를 시조 형식의 기원으로 보기도 한답니다. 그나저나 '기파랑'이라는 인물이 얼마나 멋진 화랑이었으면 사후에 그를 찬송하는 노래까지 만들었을까요?

　〈찬기파랑가〉를 불교 노래로 보는 입장에서는 기파랑이 실존했던 인물이라 기보다 불가의 미륵보살의 환신이며, 미륵보살과 같은 인물이 되도록 사람들에게 권유하는 거라고 해석할 수 있어요. 반면 기파랑은 화랑일 수밖에 없으며 시대적 상황으로 미루어 볼 때 쇠퇴하고 있던 화랑단을 일으켜 보고자 하는 염원을 담아 〈찬기파랑가〉를 지었다는 견해도 있답니다. 이와 관련해 신라 경덕왕 때 시중(侍中: 고위 관직)으로 있던 김기(金耆)를 기파랑으로 추측한 견해도 있어요. 관련 기록이 많지 않아 기파랑의 정체를 단정 짓기는 어려우나, 랑(郎)이라는 명칭을 사용한 사실을 근거로 기파랑이 화랑과 관련이 있다고 추측할 수 있지요.

꽃처럼 아름다운 남성, 화랑

화랑은 '꽃처럼 아름다운 남성'이라는 뜻으로 화판(花判), 선랑(仙郎), 국선(國仙), 풍월도(風月道)라고도 불렸어요. 화랑의 산실 '화랑도'는 일종의 심신 수련을 하는 청소년 단체라고 할 수 있어요. 이렇게 청소년들을 모아 교육하는 조직은 일찍부터 있었고, 신라뿐만 아니라 삼국에 모두 있었어요. 고구려에는 '경당'이 있었는데 여기서 하급 귀족이나 일반 백성 출신 청소년들이 모여서 유교 경전을 읽고 활쏘기 등 군사 훈련을 받았다고 해요.

화랑도는 일찍부터 내려오던 청소년 교육 조직을 진흥왕 때 국가 차원에서 제도를 갖춰 만든 거예요. 화랑도 조직은 화랑과 그를 따르는 낭도* 그리고 몇 명의 승려로 이루어졌어요. 승려는 수련과 교육에서 화랑도 무리를 정신적으로 이끄는 역할을 했어요. 화랑은 주로 진골 출신이고, 낭도에는 지배층인 6·5·4두품뿐만 아니라 평민 청소년들도

★ **낭도**: 신라 때에 둔 화랑의 무리

참여할 수 있었어요. 화랑과 낭도는 유대 관계가 깊었으며, 한 화랑이 이끄는 낭도는 200~300명에서 많게는 1000명에 이르기도 했어요. 삼국통일의 주역인 김유신은 15세에 화랑이 되어 낭도를 이끌었는데 그 낭도들을 '용화향도(龍華香徒)'라 불렀다고 해요. 이런 화랑도 무리는 3년 정도 전국의 명승지를 찾아다니며 함께 수양과 단련을 하는 단체 생활을 했어요.

화랑도는 승려 원광(圓光)이 가르쳐 준 세속오계(世俗伍戒)를 지켜야 할 덕목으로 삼았어요. 나라, 부모, 벗(친구)에 대한 의리뿐만 아니라 전쟁에 임하는 태도 등을 밝힌 세속오계를 통해 화랑도와 신라의 젊은 이들은 충효와 신의를 갖추어 갔어요. 화랑은 국가가 성장하고 삼국을 통일하는 데 중요한 역할을 했어요.

그런데 신라가 삼국을 통일한 뒤 오랫동안 평화가 지속되고 사회가 안정되자 처음 화랑도가 보였던 모습들이 옅어졌어요. 기파랑이라는 화랑을 찬양하는 이 노래는 아마도 쇠퇴해 가는 화랑도가 본래의 모습을 찾기를 바라는 마음을 담고 있지 않을까요?

• 세속오계

사군이충(事君以忠): 충성으로 임금을 섬긴다.

사친이효(事親以孝): 효로써 어버이를 섬긴다.

교우이신(交友以信): 믿음으로 벗을 사귄다.

임전무퇴(臨戰無退): 싸움에 나갈 때는 물러남이 없어야 한다.

살생유택(殺生有擇): 살아 있는 것을 죽일 때는 가림이 있어야 한다.

경덕왕과 충담, 안민가

찬기파랑가를 지은 충담사는 또 다른 향가 〈안민가〉도 지었어요. 안민가와 관련해서는 다음과 같은 이야기가 전해지고 있어요.

경덕왕이 24년(765년)의 일이었어요. 경덕왕은 3월 3일에 서라벌 귀정문 누각에 올라서 신하들에게 영복승을 데려오라 했어요. 영복승은 '잘 차려입은 승려' 또는 '영화롭게 일을 할 승려'라는 두 가지 뜻이 있어요. 신하들이 정말 깨끗하게 잘 차려입은 승려를 데려오자 경덕왕은 그가 아니라고 말했죠. 마침 이때 충담사가 누더기 옷을 입고 앵통(대통 또는 삼태기)을 멘 채 남쪽으로부터 오자, 경덕왕은 그를 기쁘게 맞이했어요. 이름을 물으니 충담사라고 했어요. 경덕왕은 〈찬기파랑가〉의 뜻이 깊다는 소문을 들은 터라, 자신을 위해서도 '왕이 백성을 다스려 편안하게 할 노래'인 '리안민가(理安民歌)'를 지어 달라고 요청했어요. 충담은 '백성을 편하게 하는 노래'인 '안민가(安民歌)'로 바꾸어 만들었지요. 경덕왕이 이를 아름답게 여겨 왕사(王師: 왕의 스승)로 봉하였으나 충담은 사양했다고 해요.

충담사는 왜 노래를 바꾸어 불렀을까요? 경덕왕 때 통일신라는 최고 전성기에 이르렀어요. 불국사와 석굴암을 짓기 시작했고, 성덕왕을 기리기 위해 성덕대왕신종을 만들기 시작했는데, 사찰과 종은 아들 혜공왕 때 완성되었지요. 그런데 이렇게 크고 화려한 사찰을 지으면서 천재지변이 거듭되고 백성의 생활이 어려워지기도 했어요.

그래서 〈안민가〉에는 왕은 아버지요, 신하는 어머니요, 백성은 어린아이라고 비유하고, 각자가 자기 본분을 다하면 나라와 백성이 편안하

다는 내용을 담고 있어요. 아마도 충담은 나라가 번영할 때 왕과 신하
들이 백성을 위해 자기 본분을 다하라는 뜻으로 〈안민가〉를 지은 것은
아니었을까요?

처용가
너는 누구냐?

Q. 당신은 누구신가요?

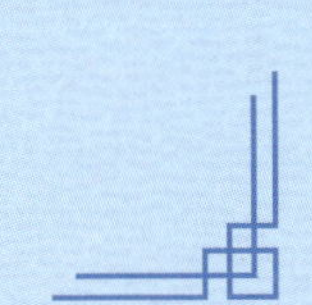

처용가

- 처용

東京明期月良 동경명기월량	시볼 볼긔 드래
夜入伊遊行如可 야입이유행여가	밤드리 노니다가
入良沙寢矣見昆 입량사침의견곤	드러사 자리 보곤
脚烏伊四是良羅 각오이사시량라	가르리 네히어라

각오이사시량라

二肹隐吾下於叱古

둘흔 내 해엇고

이힐은오하어질고

二肹隐誰支下焉古

둘흔 뉘 해언고

이힐은수지하언고

本矣吾下是如馬於隐

본딘 내 해다마른

본의오하시여마어은

奪叱良乙何如爲理古

아ᅀᆞ놀 엇디 ᄒᆞ릿고

탈질량을하여위리고

처용가(處容歌)

살 처, 곳 처(處), 얼굴 용(容), 노래 가(歌)
처용이 부른 노래

- 처용(處容)

《삼국유사》 처용 설화의 주인공 처용은 설화상으로는 동해 용왕의 아들로서
헌강왕을 따라 서울로 와 나랏일을 도운 인물

시불 볼기 드래

서울(서라벌, 경주) 밝은 달에

밤드리 노니다가

밤들이 노니다가

밤들이 : 밤이 깊도록

드러사 자리 보곤

들어와 잠자리를 보니

가르리 네히어라

다리가 넷이로구나.

역신이 아내를 범한 상황

다리 넷은 두 사람을 의미하는데 신체의 일부분을 전체인 사람으로 나타

내는 대유(제유)적 표현법으로 대상을 격이 낮고 속된 것으로 표현하는

효과

둘흔 내 해엇고

둘은 내 것이었고

둘흔 뉘 해언고

둘은 누구 것인고.

본딕 내 해다마른

본디(원래) 내 것이지마는

아ᅀᅡ놀 엇디 ᄒᆞ릿고

빼앗긴 것을 어찌하리오.

아내를 빼앗긴 것을 체념하는 의미, 아내를 바치는 관용적 표현

시의 창작 배경 및 상황

〈처용가〉는 8구체 향가로 현재 전해지는 신라 향가 중 마지막 작품이에요. 향가 〈처용가〉의 여섯 구절이 고려가요 〈처용가〉에 들어가 있는데, 이것이 《악학궤범》에 훈민정음으로 기록되어 있어 향찰 표기의 기본 원리를 알아내는 기준 역할도 하고 있지요.

〈처용가〉는 신라 49대 헌강왕(9세기 후반) 때 만들어진 노래인데, 《삼국유사》 권2에 〈처용랑 망해사〉라는 부분으로 전해지고 있어요. 내용은 다음과 같아요.

헌강왕이 개운포(현재 울산의 개운포)라는 곳에 놀러 갔는데 갑자기 짙은 구름과 안개가 끼어서 길을 잃었대요. 왕이 이를 이상하게 여겨 일관(日官: 인간의 길흉을 점치던 관원)에게 물으니 "이는 동해 용의 조화이오니 용왕을 위해 좋은 일을 하여 그 마음을 풀어 주셔야 합니다"라고 했어요. 이에 왕이 용왕을 위해 근

처에 절을 지으라고 명을 내리자 구름과 안개가 걷혔다고 해요. 그래서 그곳을 '구름이 걷힌 포구'라는 뜻의 개운포(開雲浦)라고 했어요. 동해의 용이 기뻐해 아들 일곱을 거느리고 왕 앞에 나타나 덕을 찬양하며 춤을 추었는데, 그중 한 명이 서울로 와서 왕의 정사를 도왔고 그가 바로 '처용'인 것이죠.

왕은 처용에게 아름다운 여자를 아내로 삼게 하고 급간*의 관등을 주었어요. 그런데 어느 날 처용이 밤늦게 집에 들어갔더니 아내에게 역신(疫神)이 침범해 있었어요. 이불을 보니 아내 다리 말고 다른 사람의 다리가 더 있었던 것이죠. 처용은 그 광경을 보고는 화내거나 쫓아내지 않고 오히려 노래를 부르고 춤을 추었어요. 역신은 이 모습에 감동하여 처용 앞에 꿇어앉아 "내가 공의 아내를 사모해 잘못을 저질렀는데 공이 화를 내지 않으니 그 모습이 감동스럽고 아름답습니다. 이제부터는 맹세코 공의 그림만 보아도 그 집에는 들어가지 않겠습니다"라고 하였다죠. 이 이야기를 들은 사람들은 처용의 모습을 그린 부적을 문에 붙여 사악한 귀신을 물리치고 좋은 일을 맞아들이는 상징으로 삼았다고 해요. 이때 처용이 부른 노래를 〈처용가〉라고 하고, 그 춤을 '처용무'라 하여 지금까지 전하고 있어요.

★ **급간:** 신라 제9관등으로 6두품이 오를 수 있는 가장 낮은 관등, 급찬이라고도 함

처용 알아보기

처용은 정말 동해 용왕의 아들이었을까요? 동해에 용왕이 산다니, 그게 사실일 리는 없잖아요. 《삼국사기》에 헌강왕 5년(879년) 때 처용 설화와 연관되는 내용을 살펴볼게요.

3월에 왕이 동쪽 지방을 둘러보고 있었는데, 어디에서 왔는지 알 수 없는 네 사람이 왕의 수레 앞에 와서 노래하고 춤을 추었다. 그들은 생김새가 해괴하고 옷차림과 두건이 괴상하였다. 당시 사람들은 그들을 '산과 바다의 정령'이라고 말하였다.

헌강왕 때 기이한 사람들이 나타났다는 점에서 비록 처용이라는 이름은 나오지 않지만, 《삼국유사》의 처용 설화와 통하는 내용이 있어요. 이 두 이야기를 함께 생각하면서 학자들이 생각하는 몇 가지 견해를 소개할게요.

첫째, 개운포에 용왕이 나타났다는 기록을 근거로, 용왕을 당시 울산 지방의 호족으로 보고, 처용을 그의 아들이라고 해석하는 견해가 있어요. 즉, 정치적 상황으로 해석하는 관점이에요. 신라 말에 개성 지역 호족인 왕건의 조상도 서해 용왕의 딸과 결혼한다는 이야기가 있다는 것을 생각하면, 이런 해석도 충분히 가능해요. 그리고 이때 사람들이 이들을 '산과 바다의 정령'이라고 했다는 점에서 매우 특별한 세력을 갖는 호족이었다고 추정할 수 있어요.

《악학궤범》 권9의
처용관복도설에 실린 처용의 모습

둘째, 처용을 당시 신라와 교류했던 아라비아 상인이나 페르시아 사람이라고 보는 견해도 있어요. "생김새가 해괴하고 옷차림과 두건이 괴상하였다"라는 기록으로 미루어 봤을 때 바다를 건너온 낯선 외모의 외국인이라고 보는 거지요. 후대에 만든 '처용무'에서 사용하는 처용 가면도 낯선 모습이에요. 실제로 경주에는 아라비아와 교역한 흔적들이 여럿 남아 있어요. 경주 원성왕릉 앞에 있는 무인석은 서역인 얼굴이고, 경주박물관에는 아라비아 문양을 새긴 돌이 전시되어 있어요. 그래서 처용 설화의 배경인 울산 개운포가 통일신라시대 무역항으로 번성했고, 아라비아 상인들이 이곳에 와서 교역했다고 주장하고 있지요.

셋째, 처용을 무격(무당)으로 보는 견해가 있어요. 동해 용왕의 아들이라는 말이 용신을 모시던 무당을 뜻한다고 보고, 처용이 역신을 쫓아내는 것도 무당의 역할이라고 볼 수 있지요. 무가에서는 나쁜 귀신도 즐겁게 하여 보내는 것이 의례적이기 때문에 처용이 춤을 추고 노래를 부르는 기이한 모습, 역신을 쫓는 모습에서 주술적 의미가 있다고 보는 거예요.

'처용'에 대한 여러 설이 있다는 것은 아직 제대로 밝혀진 정설이 없다는 의미예요. 하지만 어떤 견해를 따르든 처용이 남다른 비범한 인물임에는 틀림없겠지요.

역신은 무엇을 뜻할까요?

그렇다면 아내를 범한 '역신'은 누구였을까요? 진정 역신이 사람의 모습을 하고 있었던 것일까요? 역신은 천연두와 같은 역병으로 해석할 수도 있어요. 즉, 역신과 동침한 아내는 역병에 걸린 아내인 셈이죠. 이러한 역병의 유행은 〈처용가〉가 만들어졌던 당시의 어려운 사회적 상황을 상징하는 것으로 해석할 수 있어요. 헌강왕 이전은 경문왕이었는데, 이때 신라 사회가 큰 어려움을 겪고 있었어요.

866년 10월	이찬 윤흥이 반역을 꾀하다가 발각되었다.
867년 5월	서울에 전염병이 돌았다.
8월	홍수가 났으며 곡식이 익지 않았다.
868년 1월	이찬, 김예 등이 반란을 꾀했다.
6월	황룡사탑에 벼락이 쳤다.
870년 4월	서울에 지진이 일어났다.
7월	홍수가 났다.

겨울	눈이 오지 않았고 사람들이 전염병에 많이 걸렸다.
873년 봄	백성들이 굶주리고 또 전염병이 번졌다.
874년 5월	이찬 근종이 반역을 꾀하였다.
875년 2월	서울과 나라 동쪽 지반에 지진이 일어났다.
5월	용이 왕궁의 우물에 나타났는데, 잠시 후에 구름과 안개가 사방에서 모여들었다가 날아가 버렸다.
7월 8일	왕이 죽었다.

불과 10년 동안 이렇게 잦은 반란과 자연재해, 전염병이 일어난 거예요. 백성들이 얼마나 큰 어려움에 처해 있었는지 짐작할 수 있지요. 헌강왕이 아버지 경문왕의 뒤를 이어 왕위에 오른 후 사회의 혼란을 바로잡고 싶은 마음을 담아 이런 처용 설화가 등장하지 않았을까요?

서라벌 백성의 삶

그러면 헌강왕이 왕위에 오른 후에는 나라가 안정되었을까요? 겉으로는 안정된 것처럼 보였어요. 《삼국사기》에는 헌강왕 6년(880년)에 "서라벌의 집들이 서로 이어지고 노래와 음악 소리가 끊이지 않았다"라고 기록하고 있어요. 그러나 이런 모습은 단지 서라벌의 겉모습일 뿐이에요. 실제로 서라벌의 사치는 백성들에게 더 큰 어려움을 주었지요. 불과 10년 후, 진성여왕 때인 889년에 "나라의 창고가 텅 비고 백성들에게 조세를 독촉하니 나라 곳곳에서 도적들이 일어났다"라는 기록이 있어요. 이런 역사적 상황을 고려하면 처용 설화에 담고자 한 당시 신라인들의 마음을 짐작해 볼 수 있어요.

　그리고 여기서 잠깐! '임금님 귀는 당나귀 귀'라는 이야기를 잘 알지요? 그 이야기의 주인공이 바로 경문왕이에요. 이 경문왕 이야기에서도 백성들이 임금에게 바른말을 할 수 없어 답답해하는 마음이 느껴지지 않나요? 왕이 백성의 입을 막고 자신의 귀를 막았을 때 나라가 혼란스러워진다는 교훈을 여기서도 얻을 수 있어요.

시가 묻고
역사가 답하다

고려시대
조선 시대
개화기~1910
광복이후
1920~1945
1990년대 이후

가시리 vs 서경별곡

고려가요, 헤어지자 말해요

Q. 아름다운 헤어짐이란?

가시리

- 작자 미상

가시리 가시리잇고 나는

부리고 가시리잇고 나는

위 증즐가 대평성되(大平盛代)

날러는 엇디 살라 ㅎ고

부리고 가시리잇고 나는

위 증즐가 대평성되(大平盛代)

잡수와 두어리마ᄂᆞᆫ

선ᄒᆞ면 아니 올셰라

위 증즐가 대평성디(大平盛代)

셜온 님 보내옵노니 나는

가시는 듯 도셔 오쇼셔 나는

위 증즐가 대평성디(大平盛代)

서경별곡(西京別曲)

- 작자 미상

서경(西京)이 아즐가 서경(西京)이 셔울히마르는

위 두어렁셩 두어렁셩 다링디리

닷곤 디 아즐가 닷곤 디 쇼셩경 고외마른

위 두어렁셩 두어렁셩 다링디리

여히므론 아즐가 여히므론 질삼 뵈 부리시고

위 두어렁셩 두어렁셩 다링디리

괴시란디 아즐가 괴시란디 우러곰 좃니노이다

위 두어렁셩 두어렁셩 다링디리

구스리 아즐가 구스리 바회예 디신들

위 두어렁셩 두어렁셩 다링디리

긴히쯘 아즐가 긴힛쯘 그츠리잇가 나는

위 두어렁셩 두어렁셩 다링디리

즈믄 히를 아즐가 즈믄 히를 외오곰 녀신들

위 두어렁셩 두어렁셩 다링디리

신(信)잇둔 아즐가 신(信)잇둔 그츠리잇가 나눈

위 두어렁셩 두어렁셩 다링디리

대동강(大同江) 아즐가 대동강(大同江) 너븐디 몰라셔

위 두어렁셩 두어렁셩 다링디리

비 내여 아즐가 비 내여 노흔다 샤공아

위 두어렁셩 두어렁셩 다링디리

네 가시 아즐가 네 가시 럼난디 몰라셔

위 두어렁셩 두어렁셩 다링디리

녈 비예 아즐가 녈 비예 연즌다 샤공아

위 두어렁셩 두어렁셩 다링디리

대동강 아즐가 대동강 건넌편 고즐여

위 두어렁셩 두어렁셩 다링디리

비 타들면 아즐가 비 타들면 것고리이다 나눈

위 두어렁셩 두어렁셩 다링디리

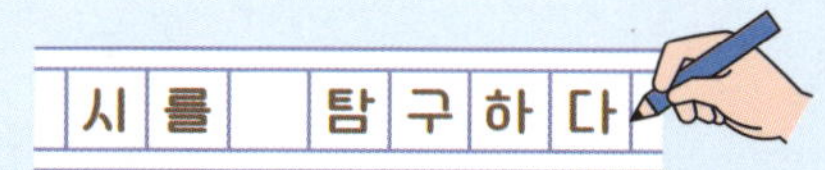

가시리

"가시겠습니까?"의 의미로 자신을 떠나겠다는 임의 말을 믿기 어려워함

- 작자 미상

가시리 가시리잇고 나는

가시겠습니까, 정말 가시겠습니까?

나는 : 특별한 뜻 없이 악률을 맞추기 위한 여음

부리고 가시리잇고 나는

(나를) 버리고 가시겠습니까?

위 증즐가 대평셩디(大平盛代)

의미 없는 후렴구

날러는 엇디 살라 ᄒᆞ고

나는 어찌 살라 하고

떠나는 임에 대한 원망과 슬픔이 고조됨

부리고 가시리잇고 나는

(나를) 버리고 가시겠습니까?

위 증즐가 대평셩디(大平盛代)

잡ᄉᆞ와 두어리마ᄂᆞᆫ

붙잡아 두고 싶지만

선ᄒᆞ면 아니 올셰라

(혹시나 당신이) 서운하면 (다시) 아니 올까 두렵습니다

잡고 싶지만 떠나는 임을 붙잡지 못하는 순종적, 체념적 태도

위 증즐가 대평성되(大平盛代)

셜온 님 보내옵노니 나는

서러운 임을 보내드리니

가시는 듯 도셔 오쇼셔 나는

가자마자 곧 돌아오십시오

임이 돌아오기를 바라지만 매달리지는 않는 소극적 태도

위 증즐가 대평성되(大平盛代)

서경별곡(西京別曲)

고려시대 서경(평양) 지역의 노래로
별곡(別曲)은 중국의 가곡에 상대하여 우리 가요를 지칭함

- 작자 미상

서경(西京)이 아즐가 서경(西京)이 셔울히마르는

서경(평양)이 서울이지마는

아즐가 : 의미 없는 여음

위 두어렁셩 두어렁셩 다링디리

후렴구로 북소리를 나타내는 의성어

닷곤 되 아즐가 닷곤 되 쇼셩경 고외마른

새로 닦은 곳인 소셩경(평양)을 사랑합니다마는

위 두어렁셩 두어렁셩 다링디리

여히므론 아즐가 여히므론 질삼 뵈 브리시고

임과 이별할 것이라면 차라리 길쌈하던 베를 버리고서라도

길쌈하던 베: 당시 여인의 중요한 일로 여인의 모든 것을 의미

위 두어렁셩 두어렁셩 다링디리

괴시란듸 아즐가 괴시란듸 우러곰 좃니노이다

사랑만 해 주신다면 울면서 따라가겠습니다

우러곰: 울면서('~곰'은 강세 접미사)

위 두어렁셩 두어렁셩 다링디리

구스리 아즐가 구스리 바회예 디신돌

구슬이 바위에 떨어진들

위 두어렁셩 두어렁셩 다링디리

긴히쏜 아즐가 긴힛쏜 그츠리잇가 나는

끈이야 끈이야 끊어지겠습니까?

위 두어렁셩 두어렁셩 다링디리

즈믄 히를 아즐가 즈믄 히를 외오곰 녀신돌

천년을 천년을 외로이 살아간들

위 두어렁셩 두어렁셩 다링디리

신(信)잇돈 아즐가 신(信)잇돈 그츠리잇가 나는

(임에 대한) 믿음이야 믿음이야 끊어지겠습니까?(변하겠습니까?)

위 두어렁셩 두어렁셩 다링디리

대동강(大同江) 아즐가 대동강(大同江) 너븐디 몰라셔

대동강 대동강 넓은 줄을 몰라서

위 두어렁셩 두어렁셩 다링디리

빈 내여 아즐가 빈 내여 노흔다 샤공아

위 두어렁셩 두어렁셩 다링디리

네 가시 아즐가 네 가시 럼난디 몰라셔

위 두어렁셩 두어렁셩 다링디리

녈 빈예 아즐가 녈 빈예 연즌다 샤공아

위 두어렁셩 두어렁셩 다링디리

대동강 아즐가 대동강 건넌편 고즐여

위 두어렁셩 두어렁셩 다링디리

빈 타들면 아즐가 빈 타들면 것고리이다 나는

위 두어렁셩 두어렁셩 다링디리

시의 창작 배경 및 상황

〈가시리〉는 연대와 작자 미상의 고려가요예요. 사랑하는 사람과의 이별을 안타까워하는 애절한 심정을 표현한 노래로, 고대가요 〈공무도하가〉나 현대 시 〈진달래꽃〉과 같은 여성적 정조를 느낄 수 있어요. 〈가시리〉의 작가는 헤어짐을 받아들이지도, 매달리지도 못하고, 그저 허탈감에 좌절했다가 감정을 절제하고 체념하며 임이 돌아오기를 간절하게 소망하고 있죠.

그런데 슬프고 애절한 마음으로 떠나간 임을 그리워하는 이 작품에서 '위 증즐가 대평성딘(大平盛代)'라는 여음구는 왜 쓴 걸까요? 먼저 '위'는 '아!'와 같은 감탄사이고, '즁즐가'는 악기 소리를 나타내는 의성어예요. 그렇다면 '대평성ᄃᆡ'는 어떤 이유로 붙게 되었을까요?

노래의 정서와 어울리지 않는 '대평성ᄃᆡ'를 후렴구로 넣은 이유는 〈가시리〉가 궁정음악으로 향유되었기 때문이에요. 한마디로 국왕 앞에서 불리면서 국왕을 치켜세울 목적으로 '태평성대'의 즐거움을 노래한 것이죠. 이는 《시용향악보》에 〈가시리〉가 '귀호곡'이라는 제목으로 속칭 '가시리'라 하였다는 기록에서 확인할 수 있어요.

〈가시리〉는 제목 없이 지방 민요로 불리다가 '가시리'라는 제목이 붙어 전국적인 민요가 되었어요. 그러다 고려 궁중의 속악가사로 왕실에 수용되면서 '귀호곡'이라는 이름이 붙은 것으로 추측할 수 있어요.

그렇다면 〈가시리〉를 남녀 간 이별의 정한을 노래한 작품으로만 해석해도 될까요? 이 노래가 어떻게 전해지고 바뀌어 왔는지를 함께 생각해 보면, 〈가시리〉를 속악가사로 보아 신하가 임금을 향해 품은 애틋한 마음을 담은 노래로 해석할 수도 있어요.

〈서경별곡〉은 설의법을 통해 임과의 사랑을 맹세하기도 하고, 이별을 애써 거부하는 이별의 정한을 담고 있는 고려가요예요. 대동강에서 떠나는 임에게 모든 것을 버리고 따라가겠다고 말하는 여인의 모습을 상상해 보세요. 연인이 배에 몸을 싣자 애꿎은 사공에게 원망의 화살을 돌리기까지 해요. 사공의 아내를 바람피우는 여자라고 음해하며 사공을 떠나지 못하게 하는 것이죠. 사공이 아내를 찾아 나서야 사랑하는 임도 배를 타고 떠나지 못할 테니까요. 얼마나 간절하면 저렇게까지 하나 싶은 구절입니다. 3연에는 대동강 건너편에는 '꽃'이 있을 텐데 떠나 버리면 그 꽃을 꺾을 거라는 질투의 마음도 잘 녹아 있어요. 꽃은 내 연인이 만나게 될 새로운 여인을 뜻한다고 볼 수 있거든요. 참으로 처절하고 애절한 이별의 마음이지요.

혹시 '골계미'라는 말을 들어 본 적 있나요? 골계미는 '웃음 속의 아름다움'을 뜻해요. 풍자나 해학에서 느낄 수 있는 재미나 아름다움이지요. 이 시에서는 비장미나 숭고미보다는 골계미가 돋보여요. 〈가시리〉의 화자가 전통적이고 순종적인 여인의 목소리를 보여 주었다면, 〈서경별곡〉의 화자는 이별을 거부하고자 노력하는 고려시대 여인의 당찬 목소리를 보여 주죠.

그런데 시를 읽으며 조금 이상한 점을 발견하지 않았나요? 1연에서는 '나는 모든 걸 버리고 당신을 따라갈 거예요'라고 했다가 2연에서는 '우리의 믿음은 절대 변하지 않아요'라며 차분한 모습을 보여요. 그러다 3연에서는 뱃사공에게 '당신 아내가 바람피울 수도 있는데 기어코 노를 저어 가겠다고?'라며 뱃사공을 붙잡아 두려 하죠.

2연은 이 시를 이끄는 화자의 정서와 다소 거리가 있어 보여요. 심지어 고려가요 〈정석가(鄭石歌)〉의 6연과 내용이 같아요. 아마도 당시 2연과 같은 구절이 유행하지 않았나 추측해 볼 수 있지요. 아니면 구전되는 과정에서 후대 사람들이 첨삭했을 수도 있고요.

아주 오래전 노래들이지만 지금 우리의 정서와 크게 다르지 않게 '이별'은 참으로 슬프고 애통한 마음임을 느낄 수 있어요. 인간의 '희노애락'도 시대와 세대를 관통하는 인간미 그 자체가 아닐까 싶습니다.

태조 왕건이 중요하게 생각한 서경

〈서경별곡〉의 '서경'은 어디일까요? 노래 안에 단서가 있어요. 3연에 '대동강'이란 장소가 나오지요. 대동강이 흐르는 강변에 자리 잡은 도시는 바로 평양이에요. 평양은 오랜 역사를 자랑하는 곳이지요. 고조선시대에는 수도 왕검성이 있던 곳이에요. 이 책의 첫 작품인 〈공무도하가〉의 무대도 바로 평양이지요. 장수왕이 427년에 고구려의 수도를 국내성에서 평양으로 옮겼고, 그 뒤로 고구려가 멸망하는 668년까지 수도로서 크게 번성했어요. 하지만 고구려가 멸망한 뒤 평양은 통일신라에서 가장 먼 변경이었기에 주민이 거의 살지 않는 황폐한 곳이 되었어요.

고려를 건국한 왕건은 평양을 매우 중요하게 생각했어요. 그래서 평양에 성을 쌓고 황해도 주민들을 이주시키고, 평양의 위상을 높여서 '서경'으로 삼았어요. 서경의 '경(京)'은 수도라는 뜻을 지녀요. 왕건은 죽기 직전에 후손들에게 '훈요십조(訓要十條)'를 남겼는데, 그중 10조에서 "춘하추동 사시절의 중간 달마다 서경에 가서 100일을 머물러 태평을 이루게 하리라"라고 유언했어요. 이에 따라 그 뒤의 왕들도 서경에 자주 행차하고 평양에 별궁을 마련하기도 했답니다.

묘청의 서경 천도 운동

고려는 수도 개경 외에도 서경과 남경을 합하여 3경의 제도를 마련했어요. 서경은 평양이고, 남경은 지금의 서울이에요. 그중에서도 서경을 더욱 중시해서 개경과 비슷한 기구와 제도를 갖추었어요. 서경에는 개경과 마찬가지로 5부라는 행정구역은 물론, 많은 관청과 국자감, 태의감 등의 분사도 두었어요. 이렇게 고려시대 서경은 개경 다음으로 가장 크고 번성한 도시였어요. 〈서경별곡〉이라는 노래가 널리 불려진 것도 이 지역에 많은 사람이 거주하고 상업도 발달하였기 때문일 거예요.

또한 서경은 북방 민족의 침입에 대비하는 요충지인 동시에 고려가 추진하는 북진 정책의 거점이었어요. 무엇보다 고구려의 계승을 내세웠던 고려로서는 고구려의 수도였던 서경이야말로 명분상 중요한 상징적인 장소였지요. 이렇게 서경이 중요해지니, 서경에 터전을 마련한 정치 세력들이 나타나서 개경 중심의 귀족들과 대립하기도 했어요.

인종 때였어요. 당시 이자겸의 난으로 왕실의 권위는 크게 떨어졌고, 이자겸이 주도하여 고려가 금과 사대 관계를 맺는 점에 대해서도 불만들이 많았어요. 이때 서경 출신의 승려 묘청과 문신 정지상 등은 이러한 민심을 바탕으로 인종에게 '고려를 황제국이라 칭하고 독자적인 연호를 사용하며 금을 정벌할 것'을 건의했어요. 그리고 이를 위해 서경으로 수도를 옮길 것을 강력하게 주장했어요. 이들의 말에 솔깃한 인종은 서경에 '대화궁'이라는 궁궐을 짓고 자주 행차했어요. 그러나 개경의 정치 세력이 서경 천도에 반대하자, 1135년 묘청 등이 서경에서 반란을 일으켰어요. 이들은 나라 이름을 '대위국'이라 하고 연호를 '천개'라 했어요. 인종은 김부식을 사령관으로 한 중앙군을 보내 서경의 반란을 1년여 만에 진압했어요.

　서경 천도 운동은 당시 민심이 개경 귀족들의 정치와 부의 독점에 크게 반발하고 있었음을 보여 주는 사건이에요. 그러나 개경의 문벌 귀족들은 정신을 차리지 못했고, 끝내 무신정변이라는 불행으로 이어졌지요.

07

정과정

향가계 고려가요, 덧없는 약속

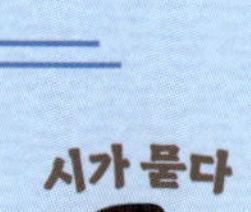

정과정

- 정서

내님믈 그리ᅀᆞ와 우니다니

산(山) 졉동새 난 이슷ᄒᆞ요이다

아니시며 거츠르신 둘 아으

잔월효성(殘月曉星)이 아르시리이다

넉시라도 님은 ᄒᆞᆫ듸 녀져라 아으

벼기더시니 뉘러시니잇가

과(過)도 허믈도 쳔만(千萬) 업소이다

ᄆᆞᆯ힛 마리신뎌

ᄉᆞᆯ읏븐뎌 아으

니미 나ᄅᆞᆯ ᄒᆞ마 니ᄌᆞ시니잇가

아소 님하, 도람 드르샤 괴오쇼셔

정과정(鄭瓜亭)

**지은이 '정서'가 스스로 호를 과정(瓜亭)이라 했기에
후세 사람들이 이 노래를 정과정이라 함**

- 정서(鄭敍)

고려 의종 때 내시낭중(內侍郎中)으로 왕의 최측근

내 님믈 그리ᄉᆞ와 우니다니

내가 임을 그리워하여 울고 있더니

임: 임금(고려 의종)

산(山) 접동새 난 이슷ᄒᆞ요이다

산 접동새와 난 (처지가) 비슷합니다 그려.

접동새: 화자의 모습이 투영됨

아니시며 거츠르신 ᄃᆞᆯ 아으

(그 누가 옳고 그른 것이) 아니며 (모든 것이) 거짓인 줄을

거츠르신 ᄃᆞᆯ: 거짓되고 허황된 줄을

잔월효성(殘月曉星)이 아ᄅᆞ시리이다

새벽 달과 새벽 별만이 아실 것입니다.

잔월효성: 나의 결백함을 아는 초월적인 존재

넉시라도 님은 ᄒᆞᆫᄃᆡ 녀져라 아으

죽은 혼이라도 임과 함께 지내고 싶어라 아~

벼기더시니 뉘러시니잇가

(내 죄를) 우기던 사람이 누구였습니까?

과(過)도 허믈도 천만(千萬) 업소이다

나는 잘못도 허물도 전혀 없습니다.

물힛 마러신뎌

뭇 사람의 모함입니다.

술읏브뎌 아으

슬프구나!

니미 나롤 ᄒ마 니ᄌ시니잇가

임께서 벌써 나를 잊으셨나이까.

아소 님하, 도람 드르샤 괴오쇼셔

(그렇게 하지) 마십시오. 임이시어, 내 사연을 들으시어 다시 사랑해 주소서.

도람: 돌려, 돌이켜

시의 창작 배경 및 상황

〈정과정〉은 향가계 고려가요예요. '아소 님하' 같은 감탄사를 사용해 형식적으로 10구체 향가의 전통을 잇고 있어요. 우리말로 전해지는 고려가요 중 작가를 알 수 있는 유일한 노래이기도 하지요. 임금을 향한 사랑이 절절하게 담겨 있기 때문에 궁중에서도 귀하게 여긴 작품이에요. 유배지에서 썼기에 '유배 문학의 효시(처음)'로도 보고 있어요.

〈정과정〉은 내시낭중(內侍郞中) 정서가 지은 것이다. 정서는 스스로 호를 과정이라고 하였는데, 인종의 외척이 되어 임금의 사랑을 받았다. 의종이 즉위하여 부산 동래로 내치면서 말하기를, "오늘의 결정은 조정의 의견에 따른 것이니 오래지 않아 다시 부를 것이오"라고 하였다. 정서가 동래에 오랫동안 머물렀는데도 왕명이 오지 않으니, 거문고를 타며 노래를 불렀는데 가사가 매우 구슬펐다.

《고려사 악지》의 기록을 참고했을 때 정서는 모함으로 귀향을 떠나게 됐고, 임금이었던 의종도 "내가 당신의 무죄를 알고 있으나 현재 여론이 이러하니 잠시 동래(부산)에 내려가 있으시오. 내가 곧 부르겠소"라며 정서를 달랬던 것으로 보여요.

그런데 이 약속은 지켜지지 않았고, 정중부의 난으로 의종이 폐위된 20년 뒤에야 정서는 명종으로부터 부름을 받게 되었어요. 끝내 다시 부르겠다던 의종은 약속을 지키지 못했던 거죠. 아니, 지킬 수 없었던 거예요. 정서도 부산에 '정과정'이라는 정자를 짓고 오이밭을 일구며 임금을 그리워했다고 하니 둘의 마음이 고스란히 전해지는 것 같아요.

정서와 인종, 의종

이 시를 지은 정서와 이야기에 나오는 인종과 의종에 대해 살펴볼 게요.

정서의 아버지 정항(鄭沆)은 이자겸의 난과 묘청의 난 때 공을 세운 인물이에요. 덕분에 정서는 음서*로 정계에 진출하게 되었어요. 인종의 왕비 공예태후의 여동생과 결혼한 정서는 인종과 동서 지간이 되었고, 정5품 내시낭중이 되어 인종의 총애를 받았어요. 그런데 인종이 죽고 아들 의종이 즉위하는 과정에서 다른 왕자 편에 섰다는 모함을 받고 귀향형을 받아 동래로 가게 되지요.

'내시낭중'이라는 직위명이 좀 이상하지 않나요? 여기서 '내시'는 우리가 아는 거세한 남성이 임금을 측근에서 모시는 직위를 의미하는 걸까요? 고려 때 내시는 환관과 달랐어요. 왕을 측근에서 보좌하는 관리로서 과거 급제자나 문벌 귀족의 자제가 내시로 등용되었죠. 우리가

★ **음서**: 고려시대에 아버지와 조상의 음덕에 따라 그 자손을 관리로 서용하는 제도

잘 아는 김부식의 아들 김돈중도 내시부에 소속되어 있었어요.

정서가 언제부터 인종을 모셨는지 모르지만, 인종 때는 참 많은 사건이 있었어요. 이자겸과 척준경 등의 모반*이 있어서 이를 어렵게 진압했고, 그 뒤에는 묘청의 서경 천도 운동이 있었지요. 결국 묘청의 꿈은 김부식에 의해 좌절되었고, 김부식은 이후 《삼국사기》를 썼어요. 정서는 이런 여러 일을 인종 옆에서 겪었을 거예요.

인종이 죽고 그의 아들 의종이 왕위에 올랐어요. 의종이 왕위에 오른 지 5년째에 정서가 의종의 동생을 추대하려 했다는 모함을 받아요. 이에 의종은 정서에게 귀향형을 내렸던 것이지요. 의종 때 정치는 더 혼란스러워졌어요. 의종은 측근들을 데리고 다니면서 놀기 좋아했고, 그 과정에서 무신들을 모욕하여 왕위에 오른 지 24년인 1170년에 무신들의 정변에 의해 왕위에서 쫓겨나게 되었어요. 의종은 거제도로 추방되었는데, 정서도 같은 시기에 거제도에서 유배 중이었어요. 의종과 정서가 거제도에서 만났는지는 알 수 없지만, 일부 학자는 미루어 짐작해 〈정과정〉을 당시 거제도에서 지었다고 주장하기도 해요. 의종이 쫓겨나고 왕위는 의종의 동생 명종이 이어받게 되었어요.

고려시대 귀향형과 본관제

정서가 고향인 동래로 돌아간 것은 '귀향형'이라는 형벌의 일종이에요. 본관이 있는 고향을 유배지로 삼았던 것이기 때문에 일반적인 유

★ 모반: 정치적 반란

배형과 다르지요. 문벌 귀족이나 고위 관료의 경우, 귀향과 함께 관직, 특권, 재산(과전)을 박탈당했어요. 따라서 중앙 귀족으로서는 큰 타격을 받은 셈이지요. 조선시대에 사대부들이 스스로 벼슬을 그만두고 고향으로 돌아가는 '낙향'과도 조금 달라요.

귀향형이 형벌이 되는 이유는 고려시대의 독특한 제도인 '본관제' 때문이에요. 본관은 성씨 앞에 붙는 지역 이름과 연관되어 있어요. 예를 들어 정서는 동래 정씨로, 성 앞에 붙는 '동래'가 본관인 것이죠.

고려 왕조는 지방 호족들에게 본관을 주었어요. 백성의 거주지를 파악하고 효과적으로 세금을 징수하며 통제하기 위해 본관제를 실시한 것이죠. 지방 호족들은 본관을 떠나 중앙으로 진출해야 정치적 지위와 관리로서의 신분을 유지할 수 있었어요. 따라서 본관으로 내려오는 것은 이런 모든 특권에서 멀어지는 것을 의미해요. 이런 본관제와 귀향형은 고려시대에만 있는 독특한 제도랍니다.

무신정변

"문신의 관을 쓴 자는 한 놈도 남기지 말고 모조리 죽여라!"

'무신의 난', '정중부의 난'이라고도 불리는 무신정변은 단순한 사건에서 시작되었어요. 김부식의 아들 김돈중의 장난이 화근이었죠. 무신들은 나라를 지키고 왕을 호위하는 중요한 역할을 하고 있음에도 문신들에게 무시당하고 괄시받았어요.

유명한 서희와 윤관 장군도 사실 문관 출신이에요. 이렇듯 최고 장군 자리도 문신이 독차지했지요. 문신들이 임금과 잔치를 벌이고 놀

때 무신들은 배고픔에 떨며 그들을 호위해야 했어요. 무신들의 인내심이 한계에 이르렀을 때 김돈중이 무신의 우두머리 격인 정중부에게 치욕스러운 장난을 쳤어요. 인종 말년 12월 마지막 날 궁궐에서 귀신을 쫓는 행사가 있었는데, 김돈중이 정중부의 수염에 촛불을 가져다 대서 정중부의 수염을 태운 것이죠. 정중부는 김돈중을 꾸짖고 때렸어요. 어쩌면 당연한 일이었지만, 당시 김돈중에게는 든든한 후원자가 있었지요. 바로 최고 권력자인 아버지 김부식이었어요. 김부식은 인종에게 정중부를 매질해 달라 부탁했어요. 인종도 어쩔 수 없이 그러겠다고는 했지만, 정중부를 몰래 피신시키고 후에 자신의 호위를 담당하게 했어요. 이 사건으로 정중부의 자존심은 무너졌을 거예요.

이후 정중부는 20여 년을 참고 때를 기다렸어요. 어느 날 의종이 군사들을 모아 무술 경합을 시켰는데, 나이 많은 무신 이소응이 상대를 이기지 못하자 문신 한뢰가 나와 이소응의 뺨을 치며 비웃었어요. 이소응은 돌계단 아래로 굴러떨어졌고 왕과 문신들은 그 모습에 박장대소를 했어요. 화가 머리끝까지 난 정중부는 한뢰의 멱살을 잡았고, 주변 무신들은 칼을 뽑으려 했어요. 이를 눈치챈 의종이 정중부를 달래 사태는 수습되는 듯 보였죠. 하지만 그날 밤 무신들은 문신들을 모조리 죽였고, 며칠 후 의종과 태자까지 멀리 귀양을 보냈답니다. 이 사건이 바로 1170년에 일어난 무신정변이에요.

정과정 유적지

《동국여지승람》,《동래부지》 등에는 정서가 〈정과정〉을 지은 곳에 대해 "동래부(東萊府) 남쪽 10리에 위치하고 있으며, 정자는 없으나 그 터는 남아 있다"라고 기록되어 있어요. 이를 통해 이미 조선시대에 정자는 사라지고 터만 남아 있었음을 알 수 있지요. 정과정 유적지의 정확한 위치를 알 수 없어 오늘날 여러 곳이 후보가 되었고, 각각 시비(詩碑: 〈정과정〉의 가사를 새겨 놓은 비석)가 세워져 있어요.

〈정과정〉은 우리말로 전해지는 고려가요 가운데 유일하게 창작자를 알 수 있는 작품이에요. 유배 문학의 효시라고 할 수 있는 중요한 가요이기 때문에 정과정 유적지는 문학사적, 역사적 가치가 매우 높은 곳이에요.

정과정 정자, 나무위키

정과정 유적지, 국가유산포털

08

청산별곡

고려 말의 혼란, 삶의 고뇌를 노래하다

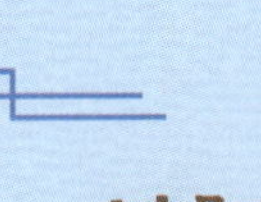

Q. 어떻게 살아야 할까요?

청산별곡

- 작자 미상

살어리 살어리랏다 청산(靑山)애 살어리랏다

멀위랑 ᄃᆞ래랑 먹고, 청산(靑山)애 살어리랏다

얄리얄리 얄랑셩 얄라리 얄라

우러라 우러라 새여 자고 니러 우러라 새여

널라와 시름 한 나도 자고 니러 우니노라

얄리얄리 얄라셩 얄라리 얄라

가던 새 가던 새 본다 믈 아래 가던 새 본다

잉무든 장글란 가지고 믈 아래 가던 새 본다

얄리얄리 얄라셩 얄라리 얄라

이링공 뎌링공 ᄒᆞ야 나즈란 디내와손뎌

오리도 가리도 업슨 바므란 ᄯᅩ 엇디 호리라

얄리얄리 얄라셩 얄라리 얄라

어듸라 더디던 돌코 누리라 마치던 돌코

믜리도 괴리도 업시 마자셔 우니노라

얄리얄리 얄라셩 얄라리 얄라

살어리 살어리랏다 바ᄅᆞ래 살어리랏다

ᄂᆞᄆᆞ자기 구조개랑 먹고, 바ᄅᆞ래 살어리랏다

얄리얄리 얄라셩 얄라리 얄라

가다가 가다가 드로라 에졍지 가다가 드로라

사ᄉᆞ미 짒대예 올아셔 히금(奚琴)을 혀거를 드로라

얄리얄리 얄라셩 얄라리 얄라

가다니 ᄇᆡ브른 도긔 설진 강수를 비조라

조롱곳 누로기 ᄆᆡ와 잡ᄉᆞ와니 내 엇디 ᄒᆞ리잇고

얄리얄리 얄라셩 얄라리 얄라

청산별곡(靑山別曲)

청산(靑山)이라는 이상향을 찾고자 부른 노래

- 작자 미상

살어리 살어리랏다 청산(靑山)애 살어리랏다

살겠노라 살겠노라. 청산에 살겠노라.

화자의 위치에 따라 해석이 달라짐. 청산에 살고 있지 않다면 살고 싶다

는 의지의 표현, 살고 있다면 청산에 사는 것이 괴로우나 체념하고 한탄

하는 표현

청산: 이상향, 현실 도피처

멀위랑 ᄃᆞ래랑 먹고, 청산(靑山)애 살어리랏다

머루와 다래를 먹고 청산에 살겠노라.

머루와 다래: 소박한 음식

얄리얄리 얄랑셩 얄라리 얄라

의미 없는 후렴구. '㉳, ㅇ'음 사용으로 음악성과 리듬감이 돋보임. 특이

하게 1연에서만 "얄리얄리 얄랑셩"으로 표기됨

우러라 우러라 새여 자고 니러 우러라 새여

우는구나 우는구나 새야. 자고 일어나 우는구나 새야.

새를 보며 동변상련을 느낌

널라와 시름 한 나도 자고 니러 우니로라

너보다 시름 많은 나도 자고 일어나 우노라.

가던 새 가던 새 본다 믈 아래 가던 새 본다

가던 새 가던 새 본다. 물 아래 가던 새 본다.

가던 새 : 화자가 유랑민이라면 '갈던 사래(밭)', 실연한 여인이라면 '떠나버린 임', 좌절한 지식인이라면 '벗(친구)'으로 해석할 수 있음

믈 : 속세(청산과 반대 세상)

잉무든 장글란 가지고 믈 아래 가던 새 본다

이끼 묻은 쟁기를 가지고 물 아래 가던 새 본다.

잉무든 장글란 : 화자가 유랑민이라면 '이끼 묻은 쟁기', 실연한 여인이라면 '이끼 묻은 은장도', 좌절한 지식인이라면 '날이 무딘 병기(兵器)'로 해석할 수 있음

얄리얄리 얄라셩 얄라리 얄라

이링공 뎌링공 ᄒᆞ야 나즈란 디내와손뎌

이럭저럭 하여 낮은 지내 왔건만

오리도 가리도 업슨 바므란 쏘 엇디 호리라

올 이도 갈 이도 없는 밤은 또 어찌할 것인가.

얄리얄리 얄라셩 얄라리 얄라

어듸라 더디던 돌코 누리라 마치던 돌코

어디다 던지는 돌인가 누구를 맞히려는 돌인가.

돌 : 의지와 상관없는 운명적 삶 또는 삶의 비애를 만드는 매개체

믜리도 괴리도 업시 마자셔 우니노라

미워할 이도 사랑할 이도 없이 맞아서 우노라.

얄리얄리 얄라셩 얄라리 얄라

살어리 살어리랏다 바르래 살어리랏다

살겠노라 살겠노라. 바다에 살겠노라.

ᄂᆞᄆᆞ자기 구조개랑 먹고, 바르래 살어리랏다

나문재, 굴, 조개를 먹고 바다에 살겠노라.

나문재 : 바닷가 모래에서 나는 해초의 일종

얄리얄리 얄라셩 얄라리 얄라

가다가 가다가 드로라 에졍지 가다가 드로라

가다가 가다가 듣노라. 외딴 부엌(마당) 가다가 듣노라.

사사미 짒대예 올아셔 히금(奚琴)을 혀거를 드로라

사슴이 장대에 올라서 해금을 켜는 것을 듣노라.

불가능한 일로 기적이 일어나길 바라는 화자의 심정을 뜻함. 사슴 탈을 쓴 광대가 장대에 올라 해금을 연주하는 모습을 나타낸 것으로 볼 수도 있음. 삶의 고뇌를 잊기 위해 유희를 즐기는 것

얄리얄리 얄라셩 얄라리 얄라

가다니 빅브른 도긔 설진 강수를 비조라

가다 보니 불룩한 술독에 가루 술(진한 술)을 빚는구나.

조롱곳 누로기 믹와 잡ᄉᆞ와니 내 엇디 ᄒᆞ리잇고

조롱박꽃 모양의 누룩 냄새가 매워 (나)를 붙잡으니 나는 어찌하랴.

얄리얄리 얄라셩 얄라리 얄라

〈청산별곡〉은 '살어리(3) 살어리(3) 랏다(2), 청산에(3) 살어리(3) 랏다(2)'의 3.3.2조 3음보의 율격을 지닌 고려가요예요. 아니, 사실 정확히 말하면 고려가요라고 '추정'할 수 있어요. 왜냐하면 《악장가사》에 전문이 실려 있고, 《시용향악보》에 1연과 곡조가 실려 있지만 어디서도 제목이나 해설을 찾아볼 수 없거든요. 그러나 〈서경별곡〉과 형식이 비슷하고 언어 구사나 정조(情調)가 조선 초기 작품과는 전혀 다르기 때문에 고려가요로 추정하는 것이지요.

보통 시를 읽다 보면 작가의 성별이나 신분을 추정할 수 있는 시어나 상황이 나오는데, 〈청산별곡〉은 작가가 여자인지 남자인지, 유랑민인지 선비인지조차 판단하기 힘들어요. 그래서 해석도 다양하게 할 수 있지요.

이 시에서 우리는 '청산'과 '바다'라는 이상향을 찾고자 하는 인간의 욕망과 현실의 문제에 부딪히는 녹록지 않은 인간의 삶과 애환을 느낄 수 있어요. 이 시에서 보이는 것처럼 고려인들도 삶의 고통에 몸부림쳤으니 사람 사는 것은 과거나 현재나 굴레와 속박이 숙명인가 봅니다.

〈청산별곡〉은 창작 연대를 알 수 없으나 무신 집권기, 몽골의 침입 시기, 원 간섭기 등 우리 백성들이 고통을 겪던 고려 말 혼란스러운 시기의 노래라고 보는 견해가 정설이에요. 고려 말은 무신의 횡포와 친원 세력이었던 권문세족의 수탈로 많은 유랑민이 발생했던 시기였기 때문이지요. 화자를 선비로 본다고 해도 무신 집권에 고통받던 문신이거나 권문세족에 반대한 반원 세력의 학자로 추정해 볼 수 있거든요.

고려 후기 백성의 삶

고려 후기 백성의 삶은 매우 고달팠어요. 무신정변 이후 권력을 둘러싼 무신들의 경쟁, 몽골의 침입, 홍건적의 습격 등 나라 안팎으로 시련이 이어지면서 백성의 삶은 파탄 지경에 이르렀지요.

의종 24년(1170년)에 정변을 일으킨 무신들은 무려 100년(1170~1270년) 동안 정권을 차지했는데, 이 시기를 무신정권기라고 해요. 정권을 차지한 무신들은 서로 싸우고 경쟁하면서 엎치락뒤치락 권력 다툼을 벌였어요. 처음 정변을 일으킬 때는 정중부가 권력을 차지했지만, 그 뒤 정중부는 경대승에게 살해당했고 경대승은 정권을 잡은 지 4년 만에 병으로 세상을 떠났어요. 노비 출신 이의민이 정권을 장악하지만, 명종 26년(1196년)에 최충헌에게 목숨을 잃게 되지요.

최충헌은 이때부터 강력한 독재 체제를 만들어 4대에 걸쳐 60년간 정권을 세습해요. 이렇게 무신들이 서로 권력을 잡으려고 쟁탈전을 벌이는 동안 왕은 허수아비에 지나지 않았어요. 정권을 잡은 최씨 집안과 지배층들은 권력을 이용해 백성의 토지를 빼앗고 전국에 농장을 만들기도 했어요. 땅을 빼앗긴 수많은 농민은 노비가 되거나 유민이 되어 떠돌게 되었어요. 허수아비 왕에 권력을 사유화하는 사람들까지 나라 꼴이 정말 엉망이었겠죠. 그 사이에서 백성들은 고통으로 신음했어요. 망이와 망소, 김사미와 효심 등은 지배층의 수탈에 대항해 봉기했고, 백성들은 이들을 응원했어요. 최충헌이 항쟁을 강력하게 진압하자 백성은 대규모 항쟁 대신 소규모로 모여 계속 저항했어요.

1231년에 시작된 몽골의 침략은 1259년(고종 46년) 3월에 이르기까지 28년간 무려 아홉 차례나 이어졌어요. 백성을 수탈하는 데 열심이었던 무신정권은 몽골의 침략에는 무능함을 드러냈지요. 그들은 백성을 버리고 몽골군을 피해 강화도로 피난을 떠났어요. 강화도에서도 육지에 남아 있는 백성에게 각종 세금을 평상시와 같이 거두어들이면서 사치스러운 생활을 이어 갔어요.

지켜 줄 이 없는 백성은 각지에서 생존을 위한 싸움을 힘겹게 벌여야만 했지요. 28년 동안 전쟁으로 인한 피해는 엄청났어요. 1254년의 경우, 한 해 동안 잡혀간 사람이 무려 20만 6800여 명이었고, 죽임을 당한 사람은 셀 수 없이 많았다고 해요. 시간이 흐를수록 전쟁에 지친 사람들이 항쟁의 대열에서 이탈해 몽골에 투항하는 경우도 많아졌어요. 끝내 고려 정부는 항복했는데, 백성들이 오랫동안 항전한 결과 국가를 유지하고 원의 부마국(사위의 나라)이 되었어요.

하지만 몽골과의 전쟁이 끝났다고 백성들에게 평화와 안녕이 찾아온 것은 아니었어요. 몽골은 고려에게 많은 공물을 요구했고, 그것은 전부 백성의 몫으로 돌아갔죠. 몽골과 결탁한 관리들이 권문세족으로 성장하면서 각종 불법과 횡포를 일삼으며 백성들을 수탈했어요. 농민들의 농토를 힘으로 빼앗아 자기 농장으로 삼고, 농토를 빼앗긴 농민은 노비가 되거나 농장의 전호(소작인)가 되어 수확의 절반을 바쳐야 했어요. 이렇게 날로 커져 가는 농장들이 고려 후기 경제와 사회의 큰 문제로 떠올랐답니다. 오죽하면 원나라 황제가 그 시정책을 마련하라고 고려의 왕에게 지시할 정도였을까요.

이렇게 무신정권 때부터 몽골과의 전쟁, 원 간섭기에 이르기까지 삶의 터전을 빼앗긴 백성들은 '청산'에 살고 싶었을 거예요. '청산'은 그들이 고통 없이 살 수 있는 이상향의 장소이자 평화로운 삶에 대한 염원을 담은 소망, 그 자체였을 테니까요. '청산'은 멀리 있지 않고 백성의 마음속에 있었지요.

백설이 ᄌ자진 골에 vs 가마귀 검다ᄒ고
의리냐? 실리냐? 그것이 문제로다

> **Q. 인생의 정답을 아는 자 누구인가?**

백설이 ᄌ자진 골에

- 이색

백설(白雪)이 ᄌ자진 골에 구루미 머흐레라

반가온 매화(梅花)ᄂ 어늬 곳이 퓌엿ᄂ고

석양(夕陽)에 홀로 셔 이셔 갈 곳 몰나 ᄒ노라

가마귀 검다ᄒ고

- 이직

가마귀 검다ᄒ고 백로(白鷺)야 웃지 마라

것치 거믄들 속조차 거믈소냐

아마도 것 희고 속 검을손 너뿐인가 ᄒ노라

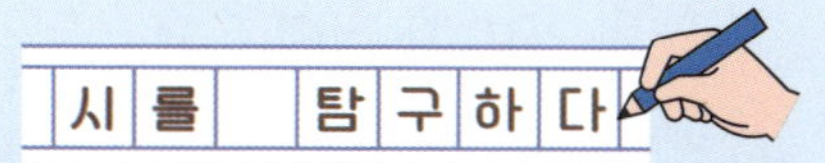

백설이 ᄌ자진 골에

'흰 눈이 잦아진 골짜기'
'백설'의 상징성을 놓고 보면 우국가(憂國歌: 나라를 걱정하는 노래),
개세가(慨世歌: 세상에 대한 탄식의 노래)

- 이색(李穡, 1328~1396)
고려 말의 학자로 호는 목은(牧隱)이고,
포은 정몽주, 야은 길재와 함께 '삼은'으로 불림.
삼은은 고려 왕조에 대한 절개를 지킨 사람들을 지칭함

백설(白雪)이 ᄌ자진 골에 구루미 머흐레라

흰 눈이 잦아진 골짜기에 구름이 험하게 일고 있구나.

백설: 고려의 유신 ↔ 구름: 조선의 신흥 세력

백설이 ᄌ자진 골: 망해 가는 고려 왕조

반가온 매화(梅花)ᄂ 어ᄂᆡ 곳이 퓌엿ᄂ고

(나를) 반겨 줄 매화는 어느 곳에 피어 있는가?

매화: 봄을 가장 먼저 알리는 꽃으로 고려의 국운을 되살릴 우국지사(영웅)

석양(夕陽)에 홀로 셔 이셔 갈 곳 몰나 ᄒ노라

석양에 홀로 서서 갈 곳을 몰라 하노라.

석양: 해 질 무렵, 고려의 망해 가는 국운

갈 곳 몰나 ᄒ노라: 지식인의 고뇌와 안타까움

가마귀 검다ᄒ고

검은색과 흰색의 대비를 통한 상징을 나타내는
오로시(烏鷺詩: 까마귀와 백로)

- 이직(李稷, 1362~1431)
고려 말 조선 초의 문신으로 호는 형재(亨齋)이며,
이성계를 도와 조선 건국에 앞장선 개국 공신

가마귀 검다ᄒ고 백로(白鷺)야 웃지 마라

까마귀 검다고 해서 백로야 비웃지 마라.

가마귀 : 조선의 개국 공신 ↔ 백로 : 고려의 유신

까마귀는 겉과 속이 같은 좋은 의미로, 백로는 겉과 속이 다른 대상으로
그림

것치 거믄들 속조차 거믈소냐

겉이 검다고 해서 속까지 검겠느냐?

거믈소냐? : 설의법을 통해 강조하며 동의를 구함

아마도 것 희고 속 거믈손 너쑌인가 ᄒ노라

아마도 겉이 희고 속이 검은 것은 너밖에 없을 것이다.

것 희고 속 거믈손 : 고려의 유신

시의 창작 배경

고려 말, 조선 초에 창작된 시 두 편이에요. 〈백설이 조자진 골에〉는 이색의 시이고, 〈가마귀 검다ㅎ고〉는 이직의 시예요. 고려 말 지식인이었던 신진사대부들은 정치적 입장에서 두 세력으로 나뉘었어요. 하나는 새로운 나라의 건국을 추진하는 세력이었고, 다른 하나는 충절을 다해 고려 왕조를 지키려는 세력이었죠. 이색은 고려 왕조를 지키려는 입장이었고, 이직은 조선을 건국하는 데 참여한 개국 공신이에요. 이렇게 서로 다른 두 사람은 각자의 정치적 입장과 신념을 시로 지었어요. 같은 시대에 살았지만 다른 길을 걸은 두 사람의 모습이 시를 통해 잘 비교되지요.

〈백설이 조자진 골에〉

고려의 국운 쇠퇴에 대한 한탄과 애상, 우국충정의 마음이 담긴 서정시예요. 이 작품에서 이색은 '백설'을 고려의 유신(遺臣)에 비유했어요. 유신은 왕조가 망한 뒤에 남아 있는 신하를 뜻해요. 백설과 반대되는 의미인 '구름'은 조선의 신흥 세력에 비유하면서 고려의 국운을 되살릴 '매화', 즉 우국지사(영웅)를 간절히 기다려요. '이 시대를 구해 줄 구원자는 과연 누구인가?' 고민과 한숨 속에 이색은 석양에 홀로 서서 깊은 고민에 빠집니다. 석양은 '지는 해'를 의미하니, 고려의 마지막을 알고 있던 이색이 바라보는 석양은 아름답기보다 슬프게 다가왔을 것 같아요.

〈가마귀 검다ㅎ고〉

겉모습만으로 사람을 판단하는 세태를 비판하고, 참된 도덕성과 인간의 내면을 성찰하게 하는 풍자와 경계의 뜻이 담긴 서정시예요. 보통 시에서 까마귀는 불길한 징조나 나쁜 대상으로 그려지고 백로는 고고함과 절개를 상징하곤 해요. 하지만 이 시에서는 까마귀를 겉과 속이 같은 사람인 조선 개국 공신으로,

백로를 겉과 속이 다른 사람인 고려의 유신으로 그렸어요. 학자였던 이직에게 새 왕조를 세우는 것은 쉽지 않은 선택이었을 테고, 자신의 행동을 정당화할 필요가 있었을 거예요. 참신하게도 자신의 행위를 정당화하기 위한 사물로 '까마귀'를 비유한 것이죠.

고려를 지킬 것인가, 바꿀 것인가

원 간섭기를 거치면서 고려 사회는 서서히 혼란에 빠져들었어요. 무엇보다 권력을 잡은 권문세족의 무능과 탐욕이 문제였지요. 그들은 땅을 수탈하고 소작농에게 많은 소작료를 거두었어요. 소작료를 제대로 내지 못하면 농민을 노비로 삼기도 했고요. 노비는 나라에 세금을 내지 않는데 노비 수가 많아지니 세금 징수량이 줄고 나라 살림은 어려워졌겠죠. 설상가상으로 홍건적과 왜구의 침입으로 나라는 더 혼란스러워졌어요. 무능한 지배층과 나라 안팎으로 혼란한 상황에서 고려 사회를 개혁하려는 새로운 정치 세력인 '신진사대부'가 등장했어요.

신진사대부는 공민왕 때 본격적으로 개혁 활동을 시작했어요. 원나라의 구속으로부터 벗어나고, 권문세족의 비리를 개혁하려는 공민왕은 신진사대부들과 손을 잡았어요. 공민왕은 왕위에 있는 기간 동안 여러 개혁을 추진했기 때문에 신진사대부들이 많이 등용되었고 그 세력을 넓힐 수 있었어요. 공민왕 초기 신진사대부를 대표하는 인물은 이제현이었어요. 그 뒤 이제현의 제자인 이색이 핵심 인물이 되어 활동하게 되었지요.

신진사대부들이 앞장서서 고려 사회를 개혁하려고 노력하는 동안 국제 정세도 바뀌면서 원나라가 쇠퇴하고 명나라가 새로 등장했어요. 이러한 변화에 따라 고려의 정치 세력도 친원파와 친명파로 나뉘게 되었는데, 신진사대부는 대부분 친명파였어요. 이때 고려는 명과 갈등하면서 요동 정벌을 시도했는데, 친명 노선이었던 이성계가 위화도 회군을 통해 권력을 차지했어요. 그리고 이성계를 대표로 하는 신흥 무장 세력은 신진사대부와 손을 잡고 적극적으로 개혁을 추진했어요. 여기서 신진사대부는 다시 두 세력으로 나뉘게 돼요. 본격적인 개혁을 위해 왕조를 교체하려는 급진파와 고려 왕조를 유지하면서 개혁하려는 온건파로 나뉜 것이지요. 두 세력 모두 현실을 개혁하고자 했지만, 고려 왕조에 대한 입장이 달랐던 거예요. 이색은 온건파의 대표자였고, 이직은 급진파에 가담한 것이지요.

이색 알아보기

고려 말, 나라 안팎의 상황은 당시 신진사대부들에게 많은 고민을 안겨 주었을 거예요. 더 이상 고려 왕조에는 희망을 걸 수 없으니 새로운 왕조를 세워야 한다는 주장도 충분히 공감할 수 있어요. 하지만 충절을 지키면서도 얼마든지 개혁할 수 있다는 입장도 틀린 건 아니었어요. 이색도 어떻게 처신해야 할지 끊임없이 고민할 수밖에 없는 상황이었을 거예요.

그의 선택이 중요했던 건 그가 당시 최고의 지식인이고 정신적 지도

자였기 때문이에요. 그는 1367년(공민왕 16년), 전쟁으로 무너진 성균관 중건을 주도하고 성균관 대사성이 되어 많은 학자와 관료들을 키웠어요. 당대를 대표하는 학자인 정몽주, 이숭인, 정도전, 권근, 하륜 등이 모두 그의 제자였죠. 이른바 이색학파가 만들어진 거예요. 그가 키운 제자의 수와 영향력으로 인해 고려와 조선의 운명이 갈렸다고 해도 무리가 아닐 거예요.

　이색은 사실 이성계와 둘도 없이 가까운 사이였어요. 둘은 같은 스승의 제자였고, 이성계의 아버지 이자춘의 묘비명도 이색이 지어 줄 정도로 막역한 사이였지요. 이성계의 자와 호, 아들의 이름까지 이색이 지었으니, 두 사람이 얼마나 가까운 사이였는지 느껴지죠?

　이성계는 이색과 정치적 대립을 벌이면서도 그의 학식을 존중하여 그를 곁에 두고 싶어 했어요. 이성계가 얼마나 이색을 아꼈는지 알 수 있는 한 일화로, 이성계는 이색이 집으로 돌아갈 때는 늘 그를 따라 나가 문 앞까지 배웅했다고 해요.

　그러나 정치를 할 때는 냉정했어요. 권력을 잡는 일이 우정보다 앞서 있었어요. 시대의 절개와 의리를 보여 준 이색은 1396년 6월 강을 건너던 중 배 위에서 급사하고 말아요. 이 죽음을 두고 정도전의 독살이라는 추측도 나오지만 정확히는 알 수 없어요. 하지만 그의 죽음에 이성계의 그림자가 보이는 건 어쩔 수 없는 시대 상황 때문이에요.

　이렇게 역사의 뒤안길로 사라지는 것 같았던 이색은 태종 이방원 때 정도전이 숙청되고 이색의 제자였던 권근이 새로운 정치 주역이 되면서 '동방(東方)의 대유(大儒: 대학자)'라는 평가를 받으며 회자됐어요. 그는 죽었지만 그의 정신은 조선의 성리학을 이루는 근간이 되었답니다.

이직 알아보기

이직은 1377년(우왕 3년)에 문과에 급제했는데, 당시 이직의 아버지 이인민이 과거를 주관했어요. 당시에 과거를 주관해 합격자를 선발하는 사람을 좌주(座主) 또는 종백(宗伯)이라고 불렀는데, 좌주와 새로 급제한 문생은 부자의 예를 차릴 정도로 깊은 인간관계를 맺었다고 해요. 태종 이방원이 좌주로 모신 사람이 이직의 아버지이니, 이직과 이방원은 형제 같은 사이라고 해도 무방했겠죠. 더군다나 함께 급제한 동무이니 그 사이는 얼마나 끈끈했을까요? 이직은 이방원과 뜻을 함께하며 조선을 건국했고 조선 개국의 3등 공신이 되었어요. 《세종실록》에는 이직을 극찬하는 기록이 남아 있답니다.

우의정까지 지냈던 이직은 황희와 양녕대군의 폐위에 반대했다가 유배 생활을 하게 되었어요. 이후 그의 딸이 태종의 후궁인 신순궁주로 봉해지면서 왕의 장인인 부원군이 되었고, 영의정과 좌의정을 지내다가 1431년 사망했어요. 사후에 이직의 손자가 그의 글을 모아 《형재선생시집(亨齋先生詩集)》을 발간해 후대에 알려지고 있답니다.

10

하여가 vs 단심가
조선 건국, 이방원과 정몽주의 쇼! 미더 머니

Q. 이방원은 정몽주를 설득하고 싶었던 걸까?

하여가

- 이방원

이런들 엇더ᄒ며 져런들 엇더ᄒ료
만수산(萬壽山) 드렁츩이 얼거진들 엇더ᄒ리
우리도 이곳치 얼거져 백년(百年)ᄭ지 누리리라

단심가

- 정몽주

이 몸이 주거 주거 일백 번 고쳐 주거
백골(白骨)이 진토(塵土)되여 넉시라도 잇고 업고
님 향한 일편단심(一片丹心)이야 가쉴 줄이 이시랴

하여가(何如歌)

어찌 하(何), 같을 여(如), 노래 가(歌)
시조 내용 중 '이런들 어떠하며 저런들 어떠하리'처럼
삶에 순응하며 유연하게 살라는 의미를 내포하고 있어요.

- **이방원**(李芳遠, 1367~1422)
조선 제3대 왕으로 이성계의 아들이자 세종대왕의 아버지

이런들 엇더ᄒ며 져런들 엇더ᄒ료

이렇게 한들 어떠하며 저렇게 하면 또 어떠니?

고려든 조선이든 무엇이 중요할까?

만수산(萬壽山) 드렁츩이 얼거진들 엇더ᄒ리

만수산(개성 북쪽의 산으로 송악산) 칡덩굴이 이리저리 얽히면 어떠니?

고려든 조선이든 상관할 게 뭐가 있어. 여유롭게 좀 얽혀 살면 좋잖아.

우리도 이ᄀᆞ치 얼거져 백년(百年)ᄭᅵ지 누리리라

우리도 이렇게 얽혀서 오랫동안 행복하자.

고려가 망하든 조선이 건국되든 우리도 그냥 흘러가는 대로 두고 평생 행복을 누려 보자.

• **이방원의 진심은?**

하여(何如)와 여하(如何)의 의미

하여(何如)는 '어떠냐?'라는 뜻으로, 이미 정해진 답을 따르라는 의미가 강해요.

만약 정말 이방원이 정몽주를 설득하려고 했다면 〈여하가(如何歌)〉를 만들

지 않았을까요? 여하(如何)는 '어떻게 생각해? 네 생각은 어때?' 하고 상대의 의견을 묻는 의미가 강하거든요. 이방원이 정몽주를 설득하고 있는 것처럼 보이지만 아마 이방원은 정몽주의 충심을 알고 있었기에 "내가 정해 줄 테니 너는 지켜야 돼"라고 정해진 답을 제시하고 "그 말을 안 따르면 우리는 끝이다"라는 암시의 의미를 전한 게 아닐까 하는 해석도 가능해요. 요즘 말로 답.정.너 스타일이었던 거죠.

단심가(丹心歌)

붉을 단(丹), 마음 심(心), 노래 가(歌)

'붉은 마음의 노래'라는 〈단심가〉는 결코 변하지 않는 마음을 뜻해요. '붉다'의 의미는 '피, 심장, 생명'을 나타내니 애절하고 중요하다는 뜻이 아닐까요? 붉은 마음을 뜻하는 단심(丹心)이 충성심과 변하지 않는 마음을 뜻하게 된 건 소동파의 시 〈과령지자유〉의 '일편단심천일하(一片丹心天日下)'라는 구절에서 그 유래를 찾아볼 수 있어요.

- 정몽주(鄭夢周, 1338~1392)

고려 말의 학자이자 관료, 호는 포은(圃隱)

이 몸이 주거 주거 일백 번 고쳐 주거

내가 백번을 다시 죽었다 살아난다 해도

나를 어르고 달래고 아무리 조선이 좋다고 해도

백골(白骨)이 진토(塵土)되여 넉시라도 잇고 업고

내 뼈가 먼지와 흙이 되어 넋조차 사라진다 해도

내가 죽어 시간이 많이 흐른 뒤에라도 난 절대 고려를 배신하지 않을 거야.

님 향한 일편단심(一片丹心)이야 가쉴 줄이 이시랴

님(고려 왕조)을 향한 내 마음은 변하지 않을 거야.

고려에 대한 충성심은 변하지 않아. 난 조선을 따르지 않을 거야.

• 정몽주는 왜?

정몽주는 〈단심가〉 초장에서 "이 몸이 죽고 죽어 일백 번 고쳐 죽어"라며 '죽음'을 수차례 반복하고 있어요. 자신이 이방원의 뜻에 순순히 따르지 않을 거라고 강조하는 것이죠. 중장에서는 백골, 진토, 넋으로 이어지는 점층법을 통해 자신의 의지는 더 견고하고 강력함을 경고하고 있어요. 즉 '타협이란 없다'로 해석할 수 있어요. 종장에서는 설의법을 통해 충분히 알 수 있는 사실을 의문형으로 나타내며 다시 한번 자신의 마음을 명확하게 밝히고 있답니다.

시의 창작 배경 및 상황

1388년, 요동 정벌군을 이끌던 이성계는 장마가 시작된 위화도에서 말을 돌렸어요. 이것이 바로 위화도 회군이에요. 이후 이성계는 고려 사회 개혁을 추진하던 신진사대부와 손을 잡고 정권을 차지해요. 그런데 고려 왕조의 개혁 방향을 둘러싸고 신진사대부 세력은 두 갈래로 나뉘게 되었어요. 한 그룹은 고려 왕조를 유지하면서 개혁이 가능하다고 본 정치 세력으로 정몽주가 그 대표자였어요. 또 다른 그룹은 더 이상 고려 왕조로는 개혁이 불가능하다고 본 혁명파 세력으로 정도전이 그 대표자였어요. 이들은 이성계를 왕으로 추대하려고 했어요. 이때 아버지 이성계를 도와 활동하던 이방원이 혁명파에 앞장섰지요.

그래서 이방원은 고려의 충신이자 성리학의 거두인 정몽주를 포섭하려고 연회를 베풀며 〈하여가〉를 선물해요. 사실 말이 선물이지 '최후 통첩'이나 다름없었어요. 답은 이미 정해져 있고, '그것을 받아들이면 살고 거절하면 죽는다'라는 뜻을 담은 협박 같은 것이었죠.

국운이 다한 고려를 버리고 자신과 함께 새 정권을 창출하자는 회유에 정몽주는 〈단심가〉로 화답해요. 기울어 가는 고려지만 끝까지 신하 된 도리를 다하겠다는 결연한 의지, 임금을 향한 일편단심의 마음을 담아 거절한 거예요. 정몽주는 망해 가는 고려를 버리고 새로운 나라를 세우려는 이성계나 이방원과는 생각이 달랐어요. 고려를 개혁해 더 좋은 나라를 만들고 싶었어요. 임금에게 반역하는 것은 충직한 성리학자 정몽주에게 있을 수 없는 일이었으니까요. 이방원은 정몽주의 마음이 돌아서지 않을 것을 직감하고 부하를 시켜 정몽주를 선죽교에서 살해했어요.

공민왕은 왜 개혁에 성공할 수 없었을까?

공민왕과 노국공주는 드라마보다 더 드라마 같은 삶을 살았어요. 공민왕은 11살 때 원나라에 볼모로 끌려가 10년을 그곳에서 살면서 노국공주를 만나 결혼했어요. 노국공주는 외로움과 싸워야 했던 공민왕의 첫사랑이었어요.

국운이 기울어 가던 원은 친원 정책을 펼칠 고려의 군주가 필요했고, 이에 어린 충정왕을 폐위시키고 그의 삼촌인 공민왕을 왕으로 세웠어요. 하지만 원의 기대는 완벽하게 빗나갔어요. 공민왕은 즉위 즉시 몽고식 변발과 복식을 없애고 친원 세력이었던 권문세족을 숙청했어요. 심지어 권문세족의 우두머리였던 기철의 목을 베어 버리죠. 이는 엄청난 사건이었어요. 기철은 원의 황후 자리까지 오른 기황후의 오라버니였거든요. 기황후는 당시 자신의 아들이 황태자가 되었기에 막강한 권력을 행사하고 있었어요. 그런 기황후의 오빠를 죽이다니…. 비록 당시 힘을 잃어 가던 원나라였지만 고려에 대한 분노는 커졌겠지요.

또 다른 변수인 홍건적이 원에 쫓겨 고려로 쳐들어왔어요. 이어 여진과 원도 고려를 침범했죠. 이런 상황에서 공민왕의 개혁은 성공할 수가 없었어요.

공민왕은 어려움 속에서도 권문세족을 혁파하려고 끊임없이 노력했으나 내부 반발에 부딪혔고, 사랑하는 노국공주마저 죽자 힘을 잃어갔어요. 공민왕이 누군가에게 의지하고 싶었던 그때, 혜성처럼 나타난 사람이 바로 신돈이었어요. 왕은 신돈에게 의지하며 개혁에 박차를 가했어요. 권문세족의 횡포로 빼앗긴 땅을 백성들에게 돌려주었고 강제로 노비가 된 사람들에게 양인 신분을 되찾아 주었어요. 신돈의 인기는 하늘을 찔렀죠. 그는 과거제를 개혁하고 성균관도 재건했어요. 신돈의 개혁에 가장 큰 혜택을 받으며 등장한 사람들이 바로 '신진사대부'예요. 신진사대부는 새로운 과거제를 통해 정계에 진출해 뜻을 펼쳐나갔지요. 그러나 그들은 신돈과 달랐어요. 유학자였던 사대부들은 불교를 개혁의 대상이라 여겼고, 그 중심에 있던 스님 신돈 또한 비판적으로 바라보았죠. 권문세족과 신진사대부 모두와 손을 잡을 수 없었던 신돈은 역모를 꾀했다는 이유로 유배지에서 죽임을 당해요. 이후 공민왕은 개혁에 관심이 없었고 허무하게 측근에게 시해되고 말았어요.

이성계의 등장과 위화도 회군

고려는 서서히 무너져 가고 있었어요. 그러한 상황에서 새로운 사회를 건설하려는 주인공들이 등장하고 있었는데, 이성계도 그중 한 사람이었지요. 이성계는 화려한 무예 솜씨로 홍건적의 난을 제압하며 일약 전쟁 영웅으로 떠올랐어요. 같은 시기, 원은 공민왕을 폐위시키고 덕흥군을 왕으로 봉하려 군사 1만 명을 보내 고려와 전쟁을 벌였어요. 고려는 계속 수싸움에서 밀렸지만, 이성계는 출전하는 전쟁마다 승리를 거두며 원나라 군대를 제압해 버려요.

공민왕이 죽은 뒤 즉위한 어린 우왕은 허수아비에 불과했어요. 여전히 권문세족들이 지배하면서 고려는 왜구의 침입과 내부의 타락으로 점점 국운이 다해 가고 있었어요. 하지만 우왕은 최영을 믿고 요동 정벌을 결정해요. 이성계는 4불가론*을 내세워 요동 정벌을 반대하지만, 최영은 밀고 나가요. 그러나 최영은 크나큰 실수를 저질러요. 바로 곁에 남아 달라는 어린 왕의 요청을 거절하지 못하고 총사령관인 자신은 개경에 남고 군대만 파병한 거예요. 심지어 절대 요동 정벌을 할 수 없다던 이성계에게 정벌군 4만 명까지 딸려 보냈지요. 이성계는 위화도 회군으로 정권을 뒤엎고 권력을 차지했어요. 이후 역사는 고려의 유지냐, 조선의 건국이냐라는 새로운 방향으로 펼쳐지기 시작했어요.

정몽주를 왜 선죽교에서 죽였을까?

예로부터 신하의 충절을 대나무에 비유했죠? 조선의 대표적인 충신 정몽주의 절개를 기리고 나라의 정통성을 세우려면 확실한 장소나 서사가 필요했을지 몰라요. 정몽주가 이방원이 보낸 자객에게 피살된 것

★ **4불가론**: 1. 작은 나라가 큰 나라를 치는 것은 옳지 않다. 2. 여름에 군사를 일으키는 것은 옳지 않다. 3. 왜구들이 침략할 기회를 줄 수 있다. 4. 장마철이라 활에 입힌 아교가 풀어지고 전염병의 우려가 있다.

은 맞으나 장소는 특정할 수 없다는 학자들의 의견도 있는 데 '선죽교'로 특정 지은 건 어떤 의미인지 해석의 여지가 있어요.

선죽교, 위키백과

위중한 시기에 서로의 의지를 시로 써 전한 이방원과 정몽주의 '낭만'과 '충절'은 어떤가요? 시로 마음을 전한다는 건 예나 지금이나 참 낭만적이에요. 둘은 비록 정치적 동지가 될 수는 없었지만, 한국 시조 문학사의 큰 획을 그었답니다.

정몽주 알아보기

정몽주는 '우리나라 성리학의 시조'이자 훌륭한 외교관이었어요. 명나라에 사신으로 떠났을 때 배가 침몰해 14일 후에 구조되는 일이 있었어요. 이후 바다에 대한 두려움이 있었을 법도 한데, 일본으로 건너가 왜구에게 잡혀간 우리 백성 수백 명을 데려오기도 했죠.

정몽주는 고려의 개혁을 누구보다 바랐던 사람이었어요. 그는 왕이 무능하면 폐위시킬 수도 있다는 생각을 하긴 했지만, 정작 이성계에게서 등을 돌린 건 다른 이유였죠. 바로 정변으로 왕위를 차지하려는 이성계의 모습 때문이었어요.

성리학자였던 정몽주는 대의명분과 충심을 지키기 위해 공양왕과 함께 은밀히 이성계에게 반격할 준비를 했어요. 마침 이성계가 말에서 떨어져 크게 다치는 일이 생겼고, 정몽주는 이성계가 없는 틈을 타 정도전을 비롯해 이성계를 따르는 사람들을 체포해 귀양을 보냈어요. 이성계를 죽일 계획도 세웠지요. 하지만 이성계에게는 전략가이자 충신인 아들 이방원이 있었고, 결국 정몽주는 그 뜻을 펼치지 못했답니다.

이방원 알아보기

태조 이성계의 다섯째 아들 이방원은 어릴 때부터 글 읽기를 좋아했어요. 형제 중 유일하게 문과에 급제하기도 했지요. 이성계는 이방원이 과거에 급제하자 눈물을 흘리며 개경 쪽으로 큰절을 했다고 해요. 무장 집안에 문무를 겸비한 아들이 태어났으니 이성계는 아들이 자랑스러워 임명장을 소리 내어 몇 번씩 읽게 했다고 해요. 이때 이방원의 나이는 불과 17살이었어요. 아버지를 따라 전장에 나가 큰 승리를 거두면서도 학문적 조예도 깊었던 이방원이 장자가 아니라는 이유로 왕위를 물려받지 못했던 건 참 안타까운 일이었어요.

하지만 이방원은 1차 왕자의 난을 통해 정치적 실권을 장악했고, 2차 왕자의 난을 통해 조선 제3대 왕 태종이 되었어요. 1차 왕자의 난은 자신의 형제들과 반대 세력을 처단한 피의 사건이에요. 이때 '조선의 설계자'라 평가받는 정도전도 제거하면서 실권을 장악하게 되죠. 그리고 2차 왕자의 난은 2년 후 이방원의 형 이방간이 일으켰어요. 이방원은 이를 제압하며 왕위를 차지하게 된답니다.

태조
신의왕후 한씨
방우
방과
방의
방간
방원
방언
신의왕후 강씨
방번
방석
정종
태종
원경왕후 민씨
양녕
효령
충녕
성녕
세종
소현왕후 심씨

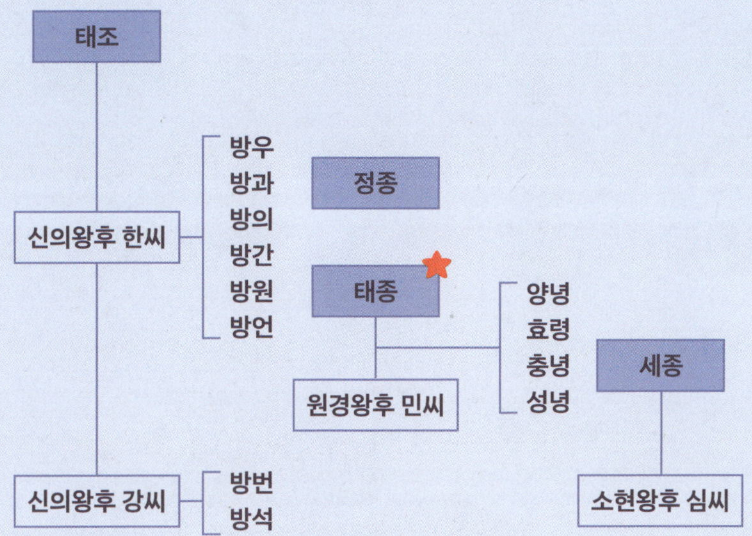

태종 이방원 가계도

시가 물고
역사가 답하다

조선시대
조선 시대
개화기~1910
1920~1945
광복이후~
1990년대 이후

용비어천가

육룡이 나르샤

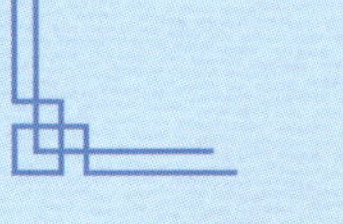

Q. 난세의 영웅은 어떻게 탄생하는가?

용비어천가

- 정인지, 권제, 안지 등

제1장   海東(해동) 六龍(육룡)이 ᄂᆞᄅᆞ샤 일마다 天福(천복)이시니

古聖(고성)이 同符(동부)ᄒᆞ시니

제2장   불휘 기픈 남ᄀᆞᆫ ᄇᆞᄅᆞ매 아니 뮐씨 곶 됴코 여름 하ᄂᆞ니

시미 기픈 므른 ᄀᆞ무래 아니 그츨씨 내히 이러 바ᄅᆞ래 가
ᄂᆞ니

제3장   周國大王(주국대왕)이 豳谷(빈곡)애 사ᄅᆞ샤 帝業(제업)을
여르시니

우리 始祖(시조)ㅣ 慶興(경흥)에 사ᄅᆞ샤 王業(왕업)을 여

르시니

제4장   狄人(적인)ㅅ 서리예 가샤 狄人(적인)이 굴외어늘 岐山
(기산) 올무샴도 하눓 뜨디시니
野人(야인)ㅅ 서리예 가샤 野人(야인)이 굴외어늘, 德源
(덕원) 올무샴도 하눓 뜨디시니

제7장   블근 새 그를 므러 寢室(침실) 이페 안즈니 聖子革命(성
자혁명)에 帝祜(제호)롤 뵈슨븐니
부야미 가칠 므러 즘겟 가재 연즈니 聖孫將興(성손장흥)
에 嘉祥(가상)이 몬졔시니

제125장   千世(천세) 우희 미리 定(정)ᄒᆞ샨 漢水北(한수북)에 累仁
開國(누인개국)ᄒᆞ샤 卜年(복년)이 곳 업스시니
聖神(성신)이 니ᅀᅳ샤도 敬天勤民(경천근민)ᄒᆞ샤ᅀᅡ 더욱
구드시리이다
님금하 아르쇼셔 洛水(낙수)예 山行(산행) 가 이셔 하나
빌 미드니잇가

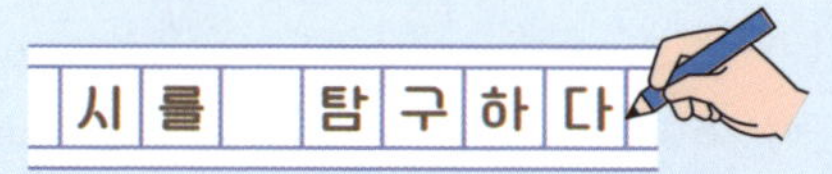

용비어천가(龍飛御天歌)

용(龍 용, 임금), **비**(飛 날다), **어**(御 거느리다), **천**(天 하늘), **가**(天 노래)
임금이 날아올라 하늘을 다스린다, 용이 날아서 하늘을 덮었다.

- 정인지, 권제, 안지 등
세종 때의 집현전 학사

제1장　　海東(해동) 六龍(육룡)이 ᄂᆞᄅᆞ샤 일마다 天福(천복)이
시니

해동의 여섯 용(임금)이 나시어 하신 일마다 하늘이 내리신
복이시니

해동: 발해의 동쪽, 우리나라

육룡: 조선 창업의 주역 6조(목조, 익조, 도조, 환조, 태조, 태종)

古聖(고성)이 同符(동부)ᄒᆞ시니

옛날 중국의 성인이 하신 일들과 부절을 합친 것처럼 꼭 맞
으시니

고성: 중국의 역대 성군

동부: 짝이 되어 똑같이 들어맞음

부절: 주로 사신들이 신분을 증명하기 위해 돌, 대나무, 옥을
둘로 갈라 하나는 조정에 보관하고 하나는 가지고 다님

제2장　　불휘 기픈 남ᄀᆞᆫ ᄇᆞᄅᆞ매 아니 뮐씨 곶 됴코 여름 하ᄂᆞ니

뿌리 깊은 나무는 바람에 흔들리지 아니하므로 꽃이 좋고 열

시미 기픈 므른 ㄱㅁ래 아니 그츨씨 내히 이러 바ᄅ래

가ᄂ니

샘이 깊은 물은 가뭄에도 그치지 않고 솟아나므로 개울이 되

어서 바다에 흐르니

제3장

周國大王(주국대왕)이 豳谷(빈곡)애 사ᄅ샤 帝業(제업)

을 여르시니

주나라 대왕이 빈곡에 사시어 제업(왕의 업적)을 여시니

우리 始祖(시조) ㅣ 慶興(경흥)에 사ᄅ샤 王業(왕업)을

여르시니

우리 시조가 경흥에 사시어 왕업을 여시니

주나라 대왕이 빈곡에 산 것과 목조(이안사)가 경흥에 살았던

것을 비유

제4장

狄人(적인)ㅅ 서리예 가샤 狄人(적인)이 골외어늘 岐

山(기산) 올ᄆ샴도 하ᄂᆶ 뜨디시니

(주나라 고공단보께서) 적인들이 모여 사는 가운데(빈곡)에 가

시어(살 때), 적인들이 침범하거늘 기산으로 옮기신 것도 하

늘의 뜻이시니

野人(야인)ㅅ 서리예 가샤 野人(야인)이 골외어늘, 德

源(덕원) 올ᄆ샴도 하ᄂᆶ 뜨디시니

(익조께서) 야인들이 모여 사는 데에 가시어(살 때), 야인이 침

범하거늘 덕원으로 옮기신 것도 하늘의 뜻이시니

제7장　블근 새 그를 므러 寢室(침실) 이페 안ᄌ니 聖子革命
(성자혁명)에 帝祜(제호)를 뵈ᅀᆞᆸ니

붉은 새가 글을 물어다 (문왕) 침실의 지겟문에 앉으니 이것
은 그 성자(무왕)가 혁명을 일으키려 하매 하늘이 내리신 복
을 보인 것이니

붉은 새 : 길조 (좋은 소식을 가지고 오는 새)

ᄇᆞ야미 가칠 므러 즘겟 가재 연ᄌ니 聖孫將興(성손장
흥)에 嘉祥(가상)이 몬졔시니

뱀이 까치를 물어 큰 나뭇가지에 얹으니 이것은 성손(태조)
이 장차 일어나려 하매 그 아름다운 징조가 먼저 나타난 것
이니

제125장　千世(천세) 우희 미리 定(정)ᄒ샨 漢水北(한수북)에 累仁
開國(누인개국)ᄒ샤 卜年(복년)이 ᄀᆞ 업스시니

천 년 전에 미리 정하신 한강 북쪽에 어진 덕을 쌓고 나라를
여시어 왕조의 운수가 끝이 없으시니

聖神(성신)이 니ᅀᅳ샤도 敬天勤民(경천근민)ᄒ샤ᅀᅡ 더욱
구드시리이다

성스럽고 신령스러운 임금이 왕위를 이으셔도 하늘을 공경
하고 백성을 위해 힘써야 나라가 더욱 굳건할 것입니다.

님금하 아ᄅᆞ쇼셔 洛水(낙수)예 山行(산행) 가 이셔 하나
빌 미드니잇가

(후대의) 임금이시여, 아소서. (하나라 태강왕이) 낙수에 사냥하
러 가 있으면서 (죽은) 할아버지(공덕)만 믿으셨겠습니까?

시의 창작 배경 및 상황

〈용비어천가〉는 세종 27년(1445년)에 창작되어 세종 29년에 발간된 우리나라 최초의 장편 영웅 서사시예요. 세종대왕은 1443년 훈민정음을 만든 후에 정인지, 권제, 안지 등 집현전 학자들에게 먼저 노래로 만들어 궁중에서 널리 부르게 할 것을 명해요. 이에 학자들이 조선 왕조의 위대함과 선조들을 찬양하는 노래를 만들어 펴낸 거예요. 훈민정음으로 기록된 첫 작품인 〈용비어천가〉는 총 125장으로 이루어졌어요. 제1장의 '육룡이 나르샤'나 제2장의 '뿌리 깊은 나무'는 영화와 드라마 제목으로도 사용되어 매우 익숙한 구절이에요. 또, 만 원권 지폐에서도 찾아볼 수 있답니다.

"육룡이 날아올라 하늘을 다스린다"라는 뜻의 〈용비어천가〉는 세종이 직접 제목을 지었다고 해요. 그렇다면 '육룡'은 누구를 말하는 걸까요? 육룡은 세종의 직계 조상인 목조, 이조, 도조, 환조, 태조, 태종을 뜻해요. 이성계의 고조할아버지인 목조, 증조할아버지인 익조, 할아버지 도조, 아버지 환조는 실제 왕이 아니라 추존왕이에요. 이성계가 왕이 된 후 자신의 조상을 왕처럼 모신 거지요.

그럼 조선 제2대 왕 정종(定宗)은 왜 빠진 걸까요? 정종은 태종의 형이었어요(134p 조선왕실 계보도 참고). 세종에게는 큰아버지죠. '왕자의 난'으로 조선 건국 초기 왕위 계승은 불안했고, 세종의 아버지 이방원은 형 정종의 세자★로 왕위를 이어받았어요. 이 부분이 태종과 세

만 원 지폐 속 〈용비어천가〉

★ **세자:** 임금의 자리를 이을 임금의 아들

종에게는 부담이 되었을 거예요. 결국 정종은 사후에 묘호*를 받지 못했고, 공정왕으로 살아갔어요. 그러다 사후 250년 뒤인 숙종 때 '정종'이라는 묘호를 받았다고 해요. 그러니 세종은 당시 묘호가 없던 정종을 제외한 자신의 직계를 육룡이라 칭했던 거예요.

조선은 건국의 정당성이 필요했어요. 당연히 민생 안정과 강력한 정책도 필요했지만, 왕실의 위엄을 보이는 것도 중요했지요. 이에 왕실의 선대를 영웅적, 신화적으로 묘사한 〈용비어천가〉가 필요했을 거예요.

★ **묘호:** 묘호는 종묘에 모시는 의식인 제사를 지낼 때 국가에서 내려주거나 죽은 군주에게 다음 군주가 올리는 특별한 이름

이성계 가문 - 목조에서 환조까지

1250년 고려 말, 전주에 살던 이안사는 기생을 사랑한 죄로 관아에 잡혀갈 위기에 처해요. 관아에 잡혀 고초를 겪을 바에는 고향을 등지는 게 낫겠다고 판단한 이안사는 식솔들과 오늘날 삼척시에 터를 잡아요. 그런데 운명의 장난처럼 이안사를 체포하려던 전주의 사또가 삼척으로 부임해 와요. 이에 이안사는 당시 여진족의 근거지였던 동북면으로 떠나요. 이때 그를 따라나선 식솔과 이웃이 170가구에 달했다고 해요. 아마 리더십이 엄청났나 봐요.

이안사는 동북면에서 현지의 고려인까지 규합해 천여 가구의 수장이 되었답니다. 당시 동북면의 새로운 강자였던 몽고(원나라)는 이안사에게 항복을 권하는 서한을 보내고, 이안사는 항복하고 몽고로부터 벼슬을 하사받아요. 고려의 도망자에서 원제국의 관리가 된 이안사가 바로 〈용비어천가〉에 등장하는 '목조', 즉 이성계의 고조할아버지랍니다.

승승장구하며 가세를 키워 가던 이안사의 증손자 이자춘은 원의 멸망을 직감하고 아들을 데리고 개경으로 돌아가요. 그러나 이 선택은 가문의 운명뿐 아니라 역사의 방향도 돌리는 큰 결단이 됩니다. 공민왕은 원에게 빼앗긴 동북면을 되찾고자, 누구보다 그곳을 잘 아는 이자춘에게 비밀 명령을 내렸고, 이자춘의 공으로 동북면을 탈환해요. 공민왕은 이를 크게 치하하며 이씨 부자에게 벼슬을 내려요. 이자춘과 함께 동북면을 되찾은 이는 바로 훗날 조선을 건국한 이성계예요. 이성계는 약 100년 동안 척박한 동북면을 떠돌며 오랑캐와 싸우고 때로는 협조하며 가세를 키웠던 바로 전주 이씨 이안사의 후손이었죠.

〈용비어천가〉에 담긴 의미

제3장부터 제109장까지는 앞부분에서 중국 역대 왕들의 위대함을 노래하고, 뒤이어 조선 육룡의 위대함과 비범함을 언급해요. 중국의 역성혁명에 빗대어 조선 건국도 덕을 잃은 고려 왕조에 하늘이 등을 돌려 일어난 '혁명'임을 강조한 것이죠. 제3장에서 중국 주나라 시조가 빈곡이라는 곳에서 나라를 일으킨 것을 빗대어, 목조 이안사가 경흥에서 왕업을 이루었음을 밝히고 있어요. 그런데 우리는 이미 관아의 기생을 사랑한 죄로 이안사가 전주를 떠나 삼척으로, 다시 경흥으로 거처를 옮기게 된 사실을 알고 있잖아요. 이 부분은 전혀 언급하고 있지 않으니 역시 역사는 승자의 기록이라는 생각도 들어요.

그럼 왜 목조를 많은 나라 중 주나라와 비교했을까요? 조선의 근본은 '유교'였는데, 공자가 사랑한 나라가 주나라였거든요. 주나라는 〈용비어천가〉 제7장에서 말하는 것처럼 하늘의 명령에 의해 역성 혁명으로 이루어진 나라니까요. 제7장 내용을 보면, 붉은 새가 나타나 주나라

문왕의 침실 출입문에 와 앉더니 "부지런한 자는 길하고 게으른 자는 망한다. 의리를 지키는 자는 흥하고 사욕을 탐하는 자는 흉한다. 무릇 모든 일이 억지로 하지 않으면 잘못된 일이 생기지 않고, 굳세지 않으면 바르지 못하게 된다. 일을 바르게 처리하지 못하면 망할 것이고, 공명하게 처리하면 만세를 누린다. 인(仁)으로써 얻고 인으로써 지키면 백세를 누릴 것이고, 불인(不仁)으로써 얻고 불인으로써 다스리면 당세를 마치지 못하리라"라고 쓰인 글귀를 주었다고 해요. 임금으로서 마음에 새겨야 할 구절을 주고 간 것이죠. 이후 문왕이 죽고 아들 무왕이 은나라를 쳐서 주나라를 세웠으니 하늘의 뜻이라 할 수 있었던 거예요.

태조와 태종, 선조인 4조를 칭송하는 제109장까지의 노래는 제110장에서 국면이 전환되는데요. 제110장부터 마지막 제125장까지는 후세 왕들에게 나라를 잘 다스리라는 권계*가 담겨 있어요. 그래서 이 부분을 경계할 계(戒)를 써서 계왕훈(戒王訓)이라 해요.

〈용비어천가〉는 영웅 서사시 측면에서 보면 조선 건국의 정당성을 부각하려는 의도로 쓰였다고 볼 수 있지만, 마지막 장에 나라를 잘 다스리라는 권계를 담은 걸 보면 나라를 사랑하고 백성을 사랑한 성군 세종대왕의 마음도 듬뿍 담겨 있는 걸 알 수 있어요.

★ **권계:** 타이르고 훈계하는 말

12

강호사시가
맹사성, 인생은 아름다워

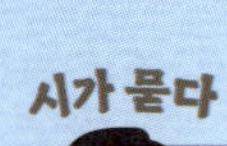

Q. 인생은 얼마나 찬란한가?

강호사시가

- 맹사성

〈춘사(春詞)〉

강호(江湖)에 봄이 드니 밋친 흥(興)이 절로 난다

탁료계변(濁醪溪邊)에 금린어(錦鱗魚) 안주로다

이 몸이 한가(閒暇)ᄒ옵도 역군은(亦君恩)이샷다

〈하사(夏詞)〉

강호(江湖)에 녀름이 드니 초당(草堂)에 일이 업다

유신(有信)ᄒ 강파(江波)ᄂ 보내느니 ᄇᄅᆷ이로다

이 몸이 서늘히옴도 역군은(亦君恩)이샷다

<추사(秋詞)>

강호(江湖)에 ᄀᆞ올이 드니 고기마다 슐져 잇다

소정(小艇)에 그믈 실어 흘리 ᄯᅴ여 더뎌 두고

이 몸이 소일(消日)히옴도 역군은(亦君恩)이샷다

<동사(凍詞)>

강호(江湖)에 겨월이 드니 눈 깁픠 자히 남다

삿갓 벗기 쓰고 누역으로 오슬 삼아

이 몸이 칩지 아니히옴도 역군은(亦君恩)이샷다

강호사시가(江湖四時歌)

강호(江湖: 강과 호수, 자연) **사시**(四時: 봄, 여름, 가을, 겨울 사철)**의 노래**

- **맹사성**(孟思誠, 1360~1438)

고려 말 조선 초의 문신, 최영 장군의 손녀사위

〈춘사(春詞)〉

강호(江湖)에 봄이 드니 밋친 흥(興)이 절로 난다

강호(자연)에 봄이 찾아오니 깊은 흥이 저절로 일어난다.

탁료계변(濁醪溪邊)에 금린어(錦鱗魚) 안주로다

막걸리를 마시며 노는 시냇가에 싱싱한 물고기가 안주로다.

탁료: 막걸리(탁주), 계변: 시냇가

이 몸이 한가(閒暇)ᄒᆞ옴도 역군은(亦君恩)이샷다

이 몸이 이렇듯 한가하게 노니는 것도 역시 임금님의 은덕이시도다.

〈하사(夏詞)〉

강호(江湖)에 녀름이 드니 초당(草堂)에 일이 업다

강호에 여름이 찾아오니 초당에 있는 이 몸은 할 일이 없다.

초당: 띠풀로 엮어 만든 집

유신(有信)ᄒᆞᆫ 강파(江波)ᄂᆞᆫ 보내느니 ᄇᆞ람이로다

신의가 있는 강 물결은 보내는 것이 시원한 바람이로다.

이 몸이 서늘ᄒᆡ옴도 역군은(亦君恩)이샷다

이 몸이 이렇듯 시원하게 지내는 것도 역시 임금님의 은덕이시도다.

〈추사(秋詞)〉

강호(江湖)에 ㄱ올이 드니 고기마다 슐져 잇다

강호에 가을이 찾아오니 물고기마다 살이 올라 있다.

소정(小艇)에 그믈 시러 흘리 띄여 더뎌 두고

작은 배에 그물을 싣고 물결 따라 흐르게 던져 놓고

이 몸이 소일(消日)히옴도 역군은(亦君恩)이샷다

이 몸이 소일하며 지내는 것도 역시 임금님의 은덕이시도다.

〈동사(凍詞)〉

강호(江湖)에 겨월이 드니 눈 깁픠 자히 남다

강호에 겨울이 찾아오니 쌓인 눈의 깊이가 한 자가 넘는다.

삿갓 빗기 쓰고 누역으로 오슬 삼아

삿갓을 비스듬히 쓰고 도롱이를 둘러 덧옷을 삼으니

이 몸이 칩지 아니히옴도 역군은(亦君恩)이샷다

이 몸이 춥지 않게 지내는 것도 역시 임금님의 은덕이시도다.

시의 창작 배경 및 상황

〈강호사시가〉는 우리나라 최초의 연시조예요. 연시조는 두 개 이상의 평시조가 하나의 제목으로 엮여 있는 시조를 말하는데, 〈강호사시가〉는 봄, 여름, 가을, 겨울의 즐거움을 하나의 시로 엮었어요.

이 시에서 "이 몸이~ 하옴도 역군은 이샷다"라는 표현이 각 연의 종장에 나타나는데, 이는 모든 일에 대한 임금의 은혜에 감사하는 내용이에요. 그럼 이 시를 지은 맹사성과 임금은 어떤 관계였을까요?

맹사성은 고려 말에서 조선 초의 문신이에요. 세종이 총애하는 신하 중 한 명이었으며, 황희 정승과 함께 재상을 지냈지요. 세종 때는 우의정을 지냈으니 왕의 오른팔 정도였던 듯해요.

　고려 말이라고 하면 앞서 살펴본 이색과 이직, 정몽주와 이방원의 시가 떠오를 거예요. 고려 왕조에 충절을 지키겠다는 입장과 새로운 나라 조선을 세우겠다는 입장이 있지요. 맹사성은 어떤 입장이었을까요? 맹사성은 충직한 학자이고 신하였기에 조선이 세워지자 관직에서 물러났어요. 하지만 그의 사람 됨됨이를 알아본 동료들의 권유로 다시 출사해 관료 생활을 해요. 결국 어느 한쪽의 입장을 고수하기보다 당시 체제 안에서 충성을 다하는 인물이었어요. 맹사성은 고려 말의 충신 최영 장군의 손녀사위이기도 했어요. 최영은 이성계의 정적이었으나, 그럼에도 이성계가 최영의 손녀사위를 등용한 것은 맹사성의 참하고 선한 성품과 지혜로움 때문이었을 거예요.

명재상* 맹사성

맹사성과 황희는 조선 초 나라의 근간을 세우는 작업을 함께한 사이에요. 조선 최고의 법전인 《경국대전》도 함께 만들었지요. 둘은 친구이자 학문적 동지였어요. 어느 날 황희의 사위 서달이 지방 아전을 때려 사망한 사건이 발생했어요. 황희는 절친한 맹사성에게 도움을 요청했고, 맹사성은 피해자와의 합의를 도와줘요. 이 일을 알게 된 세종은 둘을 파직시켜 버리지만, 다음 달에 다시 황희와 맹사성을 각각 좌의정과 우의정에 임명하지요.

맹사성은 명재상이었지만 일상에서는 매우 검소했다고 해요. 가끔 동화에 나오는 소재 중 검은 소를 타고 다니는 늙은 노인 이야기가 있는데 바로 그 주인공이 맹사성이랍니다.

어느 날 맹사성이 평택 지역을 방문하기로 했어요. 고을 사또는 높은 분이 오시는 길을 청소하며 그를 오매불망 기다리고 있었지요. 그

★ **명재상**: 군주를 보좌하고 국정을 통할하던 최고 행정 관료인 재상 중 특별한 업적을 쌓은 이들

때 검은 소를 탄 할아버지가 나타났어요. 포졸은 사또에게 불호령을 들을까 봐 이곳은 서울에서 오시는 귀한 분이 지나갈 곳이니 얼른 자리를 비키라며 노인을 재촉했어요. 소를 탄 노인은 웃으며 포졸에게 말했어요. "사또에게 가서 한양에서 온 맹고불이 지나간다고 전하시오." 이 말을 전해 들은 사또는 깜짝 놀라 황급히 영접하러 나갔어요. '고불(古佛)'은 맹사성의 호였거든요.

맹사성은 높은 지위에 있었지만 말이나 가마 대신 소를 타고 다녔고, 누가 오든 자리에서 일어나 반갑게 맞아 주었다고 해요.

세종대왕과 맹사성

세종은 맹사성을 존경했어요. 임금이 어찌 신하를 존경할 수 있냐고 할 수도 있지만, 세종대왕의 행동을 보면 얼마나 깊이 맹사성을 존경했는지 알 수 있어요. 맹사성의 집 등불이 꺼진 것을 확인하고 나서야 임금도 잠자리에 들었다는 일화가 있거든요.

세종대왕은 외향적인 성격의 황희에게 이조(인사)와 병조(군사)를, 온화한 성격의 맹사성에게 공조(건설)와 예조(교육, 문화)를 맡겼어요. 특히 맹사성은 음악적 재능이 뛰어나 음악가 박연과 궁중 음악을 정비하기도 했지요. 1412년 맹사성이 황해도 관찰사가 되자 영의정 하륜은 그가 떠나면 조선 음악이 흔들릴 거라며 왕에게 그를 궁에 머물게 해 달라고 상소를 올리기도 했어요. 조선은 예악 정치를 했기 때문에 음악이 굉장히 중요했거든요. 예악 정치는 예(禮)를 통해 사회 질서를 확립하고, 음악(樂)을 통해 조화롭고 즐거운 감정을 나타내어 사회를 안

정화하려는 통치 이념을 말해요. 그러니 음악 천재였던 맹사성이 얼마나 세종에게 중요한 신하였을까요.

　세종은 맹사성의 능력을 아꼈기에 그가 76세가 될 때까지 은퇴시키지 않았어요. 은퇴 후에도 나라의 중요한 일이 있을 때는 자문을 구하기도 했지요. 조선 왕들의 평균 수명이 46세였던 시대에 맹사성은 76세까지 세종을 도와 나라의 기틀을 바로 세웠고, 은퇴 후 83에 세상을 떠났어요.

13

수양산 바라보며 vs 가마귀 눈비 마즈
사육신과 생육신

Q. 의리가 무엇이냐고 물으신다면?

수양산 바라보며

- 성삼문

수양산(首陽山) 브라보며 이제(夷齊)를 한(恨)ㅎ노라

주려 주글진들 채미(採薇)도 ㅎ는 것가

비록애 푸새엣 것인들 긔 뉘 싸헤 낫드니

가마귀 눈비 마즈

- 박팽년

가마귀 눈비 마즈 희는 듯 검노믜라

야광명월(夜光明月)이 밤인들 어두오랴

님 향(向)혼 일편단심(一片丹心)이야 고칠 줄이 이시랴

수양산 바라보며

- 성삼문(成三問, 1418~1456)

집현전 학사, 단종 복위 운동에 실패하여 처형된 사육신

수양산(首陽山) 부라보며 이제(夷齊)를 한(恨)하노라

수양산 바라보며 백이와 숙제를 원망하고 한탄하노라

수양산: ① 백이, 숙제가 숨어 살던 산 ② 수양대군

이제: 중국 은나라의 충신 백이(伯夷)와 숙제(叔齊)

주려 주글진들 채미(採薇)도 ㅎ는것가

굶주려 죽을망정 고사리는 왜 캐어 먹었는가?

비록애 푸새엣 것인들 긔 뉘 싸헤 낫드니

비록 산에서 자라는 풀(푸성귀)이라도 그것이 누구의 땅에서 났단 말인가?

가마귀 눈비 마즈

- 박팽년(朴彭年, 1417~1456)

집현전 학사(직제학), 사육신

가마귀 눈비 마즈 희논 듯 검노믜라

까마귀 눈비를 맞아서 흰 듯하면서도 검구나.

까마귀: 간신

눈비: 혼란한 시대 상황

야광명월(夜光明月)이 밤인들 어두오랴

한밤중에도 빛나는 밝은 달이 밤이라고 해서 빛을 잃겠는가?

야광명월: 충신, 박팽년 자신

님 향(向)흔 일편단심(一片丹心)이야 고칠 줄이 이시랴

임(단종)을 향한 일편단심이야 변할 까닭이 있겠는가?

시의 창작 배경 및 상황

　조선 왕조 역사에서 가장 비극적인 사건 중 하나는 1452년 단종이 즉위하고 3년 만에 삼촌인 수양대군에게 왕위를 빼앗긴 사건이에요. 아버지 문종이 승하하자 12살의 어린 단종은 왕위에 올랐어요. 1453년, 세종의 둘째 아들이자 단종의 삼촌이었던 수양대군이 왕위를 찬탈하기 위해 문종의 고명대신* 김종서

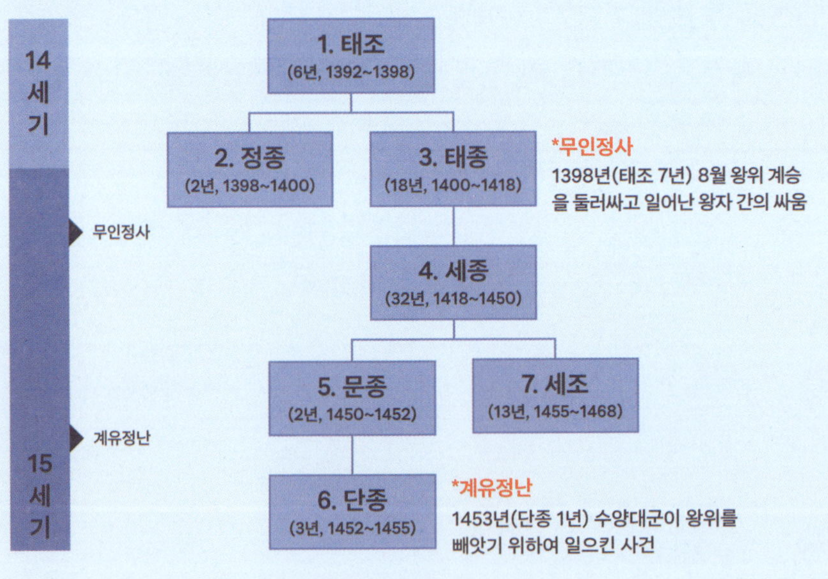

조선 왕실 계보도(1392~1910년), 한국학연구원

와 황보인을 살해하고 정권을 장악하죠. 이를 계유정난(癸酉靖難)이라고 해요. 이후 단종은 삼촌 수양대군에게 왕위를 물려주게 되고, 다종 복위 사건을 계기로 목숨까지 잃게 되었어요. 성삼문과 박팽년의 시는 세조의 왕위 찬탈을 부정하고 단종을 복위시키려는 거사에 가담한 두 인물이 당시 자신의 심정을 읊은 시예요.

★ **고명대신:** 임금의 임종 시 마지막 당부 및 유언을 받드는 대신

계유정난

계유정난을 이해하려면 당시 상황을 살펴봐야 해요. 세종에게는 18남 4녀의 자녀가 있었어요. 그중 정부인 소헌왕후와의 사이에 8남 2녀를 두었는데, 자녀들이 모두 똑똑했다고 해요. 첫째 아들은 조선 제5대 왕 문종이었고, 둘째 아들이 수양대군, 셋째 아들이 안평대군이었어요. 안평대군의 꿈 내용을 그린 안견의 〈몽유도원도〉는 한 번쯤 들어 봤을 거예요. 호탕한 기질로 서예와 시문, 그림에 능했던 안평대군은 형인 수양대군과 경쟁 관계였어요.

세종의 뒤를 이어 즉위한 문종은 겨우 2년 남짓 만에 어린 세자를 남기고 세상을 떠났어요. 단종은 12살의 어린 나이에 왕위에 올랐기에, 처음에는 문종의 뜻을 받든 영의정 황보인과 좌의정 김종서 등의 대신들이 나랏일을 이끌어 갔어요. 조선 왕실 내에서는 이를 못마땅하게 생각하는 왕자들이 있었죠. 자기 세력을 키웠던 수양대군이 특히 못마땅해했어요. 마침내 수양대군은 대신들이 안평대군과 결탁하여 왕권을 찬탈하려 한다는 평계로 계유정난을 일으켰어요. 수양대군은 유교의 성현인 주공(周公)을 자처하며 조카를 도와 왕국을 안정시키겠다는 명분을 내걸었어요.

하지만 수양대군은 정권을 장악한 뒤, 1455년 조카 단종에게서 왕위를 물려받아 스스로 국왕 자리에 올랐어요. 수양대군이 왕위에 오르면서 '흔들리던 왕권을 옹호하기 위해 계유정난을 도모했다'라는 명분은 빛이 바랬지요. 그러자 세조에 대한 신하들의 입장도 달라졌어요. 세조의 즉위를 성리학의 윤리에 위배되는 찬탈로 생각한 것이지요. 성삼문 등 집현전 출신의 문신 일부를 중심으로 단종을 복위시키려는 움직임이 시작된 거예요. 그러나 거사 계획이 발각되어 가담한 많은 사람이 희생되었어요. 이를 '사육신 사건'이라고 해요. 단종도 이 사건으로 노산군(魯山君)으로 강등되어 강원도 영월로 유배되었다가 결국 그곳에서 사약을 받고 죽게 됩니다.

사육신과 생육신

단종의 복위를 모의하다가 죽임을 당한 인물은 많았는데, 주로 '사육신(死六臣)'이라고 해서 성삼문, 박팽년, 이개, 하위지, 유성원, 유응부 여섯 명을 말해요. 많은 사람이 참여한 사건임에도 '임금을 위해 목숨을 바친 여섯 명의 충신'이라는 이미지가 이 사건을 상징적으로 기억하게 하죠. 주로 집현전 출신 학자들이 많았기 때문에 세조는 이 사건을 계기로 집현전을 폐지했어요.

그렇다면 이 여섯 명은 어떻게 꼽은 걸까요? 사건 당시에는 단종 복위 사건으로 희생된 인물 중에서 특별히 여섯 명을 주모자로 꼽지는 않았다고 해요. '사육신'이란 이름은 성종 때 남효온이 지은《육신전(六臣傳)》에서 비롯되었어요. 본래는 그냥 '육신'이라고 불렸어요.《육신전》은 역적으로 몰려 죽음을 당한 여섯 충신의 행적을 기

사육신묘, 국가유산포털

록한 것인데, 이런 기록을 하는 것조차 당시 상황에서는 굳은 신념이 필요한 일이었지요.

'사육신'이란 이름은 이들과 비견되는 인물들로 '생육신(生六臣)'을 거론하면서 이와 구별하기 위해 '사육신'이라고 부르게 된 것이죠. '생육신'은 수양대군이 단종의 왕위를 빼앗자 벼슬을 버리고 절개를 지킨 신하 김시습, 원호, 이맹전, 조려, 성담수, 남효온을 말해요. '생육신'이란 개념은 숙종 때 단종이 복권*된 이후에 나타난 개념이므로 '사육신'이란 말도 후대에 나타난 거예요.《육신전》을 지은 남효온도 사육신 사건이 일어날 때 겨우 두 살밖에 안 되었지만, 그 뒤 세조의 즉위를 의롭지 못한 찬탈 행위로 규정하고 세조를 비난하면서《육신전》을 지은 것으로 후일 생육신의 한 사람으로 꼽히게 되었어요.

사육신 사건의 연루자들은 모반과 대역죄라는 죄명으로 극형에 처해졌고, 그 가족들까지 큰 희생을 치러야 했어요. 세조 이후 왕위가 모

★ **복권**: 일정한 자격이나 권리가 한 번 상실된 사람이 이를 다시 찾게 되는 것

두 세조의 직계 후손들에 의해 계승되면서 그들은 반역자의 굴레를 벗기 어려웠죠. 그러나 사육신 등이 단종을 보위하다가 죽임을 당했기 때문에 이들을 충신으로 평가하려는 주장도 계속되었어요. 중종 때 조광조를 중심으로 하는 사림 세력을 비롯한 많은 이가 사육신을 복권해야 한다고 주장했어요. 그러다 숙종 때 사육신 등이 복권되었고, 영조 때는 사육신에게 시호*가 내려졌어요. 250년이 지난 뒤에야 비로소 사육신이 '충절의 인물'로 되살아났고, 오늘날까지 이어지게 된 거예요.

성삼문 알아보기

성삼문은 조선 전기의 문신이자 학자로서, 사육신 중 한 사람이에요. '성삼문'이라는 이름에는 일화가 있어요. 그가 태어날 때 하늘에서 '낳았느냐'라고 묻는 소리가 세 번 들려서 그의 이름을 삼문(三間)이라 지었다고 해요.

문종이 죽고 계유정난을 일으킨 수양대군이 집현전 학자들을 포섭하려고 축하연을 베풀었는데, 성삼문은 이를 수치로 여겨 연회에 참여하지 않았어요. 1455년에 수양대군이 즉위하자 성삼문은 통곡하며 단종 복위 운동을 결심했어요. 이후 세조(수양대군)가 주는 녹봉(지금의 월급)은 받지 않고 집 근처 곡간에 쌓아 둔 채로 손도 대지 않았다고 해요.

성삼문이 은나라의 충신이었던 백이, 숙제와 자신을 비교한 시를 지은 것도 이해되는 부분이지요. 은나라의 충신 백이와 숙제가 수양산에

★ **시호**: 죽은 사람의 공덕을 찬양하고 기리기 위해 국왕이 내리는 이름

숨어 살며 고사리 같은 풀을 뜯어 먹었는데, 그 고사리가 주나라 땅에서 자란 것이었기에 성삼문은 주나라에서 나온 것을 먹는 것조차 배신이라고 말했어요. 그만큼 의리와 의지가 대단한 사람이었죠.

성삼문은 박팽년, 김질 등과 함께 단종 복위 운동을 펼쳤는데 이를 눈치챈 한명회로 인해 시행에 옮기지 못했어요. 더군다나 함께 모의했던 김질의 밀고로 의금부에 체포되고 거열형*으로 사망하고 말았어요. 시신은 전국 8도에 뿌려졌고 그의 가문은 멸문지화**를 당했어요. 그가 죽기 전에 남긴 시를 통해 그의 충직한 마음을 살펴볼 수 있어요.

이 몸이 죽어가서 무엇이 될꼬 하니,

봉래산 제일봉에 낙락장송(落落長松) 되어 있어

백설(白雪)이 만건곤(滿乾坤)할 때 독야청청(獨也靑靑)하리라

박팽년 알아보기

박팽년은 세종, 문종 대에 인정받던 문인이자 관료였어요. 특히 세종은 그의 학문과 재능을 아꼈다고 해요. 1442년(세종 24년)에는 21세의 젊은 나이로 사가독서에 선발되었어요. 사가독서란 유능한 인재를 양성하기 위해 젊은 문신들에게 휴가를 주어 독서에 몰두하도록 한 제도였어요. 이때 함께 선발된 신숙주·성삼문·이개·하위지·이석형 등이

★ **거열형**: 사지를 찢는 형벌

★★ **멸문지화**: 한집안이 죽임을 당하는 끔찍한 재앙

모두 학자이자 문인으로 손꼽히는 인물이었는데, 그중에서도 박팽년이 으뜸이었다고 해요.《연려실기술》에는 다음과 같은 기록이 있어요.

성삼문은 문장이 호방하나 시에는 모자랐으며, 하위지는 상소는 잘 지어도 시는 지을 줄 몰랐고, 유성원은 타고난 재주로 학문을 일찍 성취하였으나 견식이 넓지 못하였으며, 이개는 문장이 맑고 탁월하였고 시도 역시 정묘하고 뛰어났으나, 동료들은 모두 박팽년을 집대성*이라고 하였으니 그의 학문과 문장과 글씨가 모두 훌륭하다는 것을 말한다.

위 기록으로 박팽년이 일찍부터 학문과 문장에서 두각을 나타냈음을 알 수 있어요. 실제로 박팽년은 집현전의 여러 관직을 거쳤고 21년간의 관료 생활 중 16년을 집현전에서 근무했어요. 유교 이념과 실천에 누구보다 철저했던 박팽년은 성삼문과 함께 단종 복위를 꾀했어요.

사육신 사건이 발각되어 잡혀와 신문을 당했을 때도 박팽년은 세조에게 '나으리'라고 칭하며 그의 신하임을 인정하지 않았다고 해요. 세조가 "너는 이미 나에게 신(臣)이라고 칭하며 녹을 받아먹었기 때문에 이 일은 군주에 대한 반란이다"라고 추궁하자, 박팽년은 자신이 충청감사로 있을 때 조정에 올린 장계에는 신(臣)이라는 글자를 쓴 적이 없으며, 받은 녹봉은 하나도 먹지 않고 그대로 쌓아 두었다고 받아쳤다고 해요. 세조가 확인해 보니 과연 장계에는 '신(臣)' 대신 '거(巨)'라는

★ **집대성**: 여러 부분을 완성하였다는 뜻

글자가 있었고, 녹봉도 그대로 있었어요. 결국 박팽년은 옥중에서 죽음을 맞았고, 시신은 거열형에 처해졌어요.

글자가 있었고, 녹봉도 그대로 있었어요. 결국 박팽년은 옥중에서 죽음을 맞았고, 시신은 거열형에 처해졌어요.

14

만분가
유배 가사의 효시, 무오사화

Q. 나의 억울함은 누구에게 말해야 할까요?

만분가

- 조위

천상(天上) 백옥경(白玉京) 십이루(十二樓) 어듸매오

오색운(五色雲) 깊픈 곳의 자청전(紫淸殿)이 그려시니

천문(天門) 구만리(九萬里)를 쑴이라도 갈 동 말 동

추라리 싀여지여 억만 번 변화ᄒᆞ여

남산(南山) 늦즌 봄의 두견(杜鵑)의 넉시 되여

이화(梨花) 가디 우희 밤낫즐 못 울거든

삼청동리(三淸洞裏)의 졈은 한널 구름 되여

ᄇᆞ람의 흘리ᄂᆞ라 자미궁(紫微宮)의 ᄂᆞ라 올라

옥황(玉皇) 향안전(香案前)의 지척의 나아 안자

흉중(胸中)의 싸힌 말솜 쓸커시 스로리라

(중략)

흔이 쑬희 되고 눈물로 가디 삼아

님의 집 창 밧긔 외나모 매화(梅花) 되여

설중(雪中)의 혼자 피여 침변(枕邊)의 이위는 듯

월중소영(月中疎影)이 님의 옷의 빗춰어든

어엿븐 이 얼굴을 네로다 반기실가

동풍(東風)이 유정(有情)ᄒ여 암향(暗香)을 블어 올려

고결(高潔)ᄒᆫ 이내 싱계 죽림(竹林)의나 부치고져

빈 낙대 빗기 들고 뷘 비롤 혼자 씌워

백구(白溝) 건네 저어 건덕궁(乾德宮)의 가고 지고

그려도 ᄒᆫ 모음은 위궐(魏闕)의 돌녀 이셔

뇌 무든 누역 속의 님 향ᄒᆫ 쑴을 씨여

일편장안(一片長安)을 일하(日下)의 부라보고

외오 굿겨 올히 굿겨 이 몸의 타실넌가

이 몸이 전혀 몰라 천도(天道) 막막(漠漠)ᄒ니 물을 길이 전혀 업다

복희씨(伏羲氏) 육십사괘(六十四卦) 천지 만물(天地萬物) 삼긴 쓴을

주공(周公)을 쑴의 뵈와 ᄌᆞ시이 뭇줍고져

하늘이 놉고 놉하 말 업시 놉흔 쓴을

구룸 우희 누 눈 새야 네 아니 아돗더냐

어와 이 내 가슴 산이 되고 돌이 되어 어듸 어듸 사혀시며

비 되고 믈이 되여어듸 어듸 우러 녤고

아모나 이 내 쯧 알 니 곳 이시면

백세교유(百歲交遊) 만세상감(萬世相感)ᄒ리라.

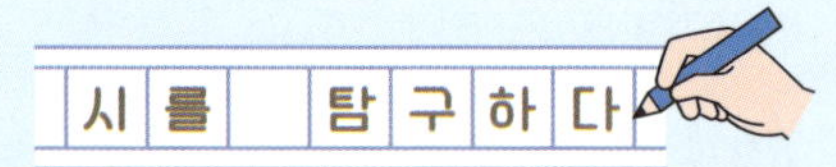

만분가(萬憤歌)
만(일만 만(萬), 화내다, 괴로워하다, 분하다 분(憤), 분(憤: 화내다, 괴로워하다, 분하다)
원통하여 부르는 노래

- 조위(曺偉, 1454~1503)
조선 성종 때의 문인, 연산군 때 '성종실록' 편찬에 참여.
연산군 4년(1498년) 무오사화에 연루되어 귀양 생활

하늘 위의 옥황상제가 산다는 궁궐의 열두 누각은 어디인가?
오색구름 깊은 곳에 하늘의 신선이 사는 집을 가렸으니,
구만리 먼 하늘을 꿈이라도 갈 듯 말 듯하구나.
차라리 죽어서 억만 번 변화하여 남산의 늦은 봄날에 두견새의
넋이 되어
배꽃 가지 위에서 밤낮으로 못 울거든,
신선이 사는 고을에 저문 하늘 구름 되어
바람에 흩날리며 날아 자미궁(궁궐)에 날아올라 옥황상제 앞에 놓
인 상 앞에 가까이 나가 앉아 가슴 속에 쌓인 말씀 실컷 말하리라.

(중략)

한이 뿌리 되고 눈물로 가지 삼아 임의 집 창밖에 외로운 매화 되어,
눈 속에 혼자 피어 베갯머리에 시드는 듯, 드문드문 비치는 달 그림
자가 임의 옷에 비치거든, 불쌍한 이 얼굴을 너로구나 반기실까?

동풍이 뜻이 있어 매화 향기를 불어 올려 고결한 이내 생애 자연에나 부치고 싶구나.

빈 낚싯대 비껴들고 빈 배를 혼자 띄워, 한강 건너 저어 옥황상제의 궁궐에 가고 싶구나.

그래도 한 마음은 조정에 달려 있어 연기를 쐬어 검어진 도롱이 속에 임 향한 꿈을 깨어,

일편 장안(서울)을 한눈에 바라보고 그릇되어 머뭇거리며 옳게 머뭇거리며 이 몸의 탓인가?

이 몸이 전혀 몰라 하늘의 이치가 아득하여 알 수 없으니 물을 길이 전혀 없다.

복희씨* 육십사괘** 천지 만물 생긴 뜻을 임금을 꿈에 뵈어 자세히 여쭙고 싶구나.

하늘이 높고 높아 말없이 높은 뜻을 구름 위에 나는 새야, 네 아니 알겠더냐.

아아! 이내 가슴

산이 되고 돌이 되어 어디 어디 쌓였으며 비가 되고 물이 되어 어디 어디 울며 갈까.

아무나 이내 뜻 알 사람이 곧 있으면 영원토록 사귀어 같이 공감하리라.

★ **복희씨**: 중국 전설의 제왕, 그물을 발명하고 고기잡이 방법을 가르침

★★ **육십사괘**: 주역에서 자연과 인간의 존재 양상과 변화 체계를 상징하는 64개의 괘

시의 창작 배경 및 상황

〈만분가〉는 조위가 무오사화에 휘말려 유배 생활을 하게 된 원통함을 옥황상제로 비유된 선왕(연산군의 아버지인 성종)에게 하소연하는 내용의 가사예요. 우리나라 최초의 유배 가사지요.

조위는 유배지인 전남 순천에서 임금이 자신을 불러 주기를 애타게 기다렸어요. 하지만 기약 없는 기다림에 원망과 슬픔, 원통한 마음으로 하루하루를 버티다가 끝내 유배지에서 병으로 사망해요.

우리는 이별 후에 보통 4단계의 감정 변화를 겪는다고 해요. 처음에는 '부정'이에요. '이별'이라는 상황을 받아들일 수 없는 '현실 부정'의 단계라고 할 수 있어요. 두 번째 감정은 '분노'예요. 상대에 대한 화, 억울함, 적대감이 생기는 것이죠. 세 번째 감정은 '타협'이에요. 다른 말로는 '체념'이에요. 이 상황에 대해 스스로 체념하면서 이별을 극복하려고 노력해요. 마지막 단계는 '수긍'이에요. 미련이나 분노, 우울, 원망이 사라진 단계예요.

조위의 마음도 이렇게 변화해요. 처음에는 억울함을 호소하다가 후에는 체념하고 수긍해요. 마지막 연에서 '아무나 이내 뜻 알 사람이 있으면 영원토록 사귀어 같이 공감하리라'라며 끝까지 미련을 버리지 못하는 부분이 참 애절하게 느껴집니다.

무오사화

조위는 얼마나 원통하고 억울한 사건에 휘말린 걸까요?

그의 인생을 뒤바꾼 사건은 바로 연산군 4년(1498년)에 벌어진 '무오사화(戊吾士禍/戊吾史禍)'였어요. '사화'는 사림들이 정치적 반대파로부터 화를 입는 일을 말하는데, 무오년에 사림파가 화를 당한 사건이어서 무오사화라고 해요. 그런데 원래 사화는 선비 사(士)를 쓰는데 무오사화는 역사 사(史)를 쓰기도 해요. 이는 무오사화가 '사초(史草: 실록의 원고가 되는 사기의 초고)'에서 비롯되었기 때문이에요.

아래는 1498년 7월 29일 《연산군일기》에 등장하는 내용이에요.

급기야 사국(史局)을 열어 이극돈이 당상(堂上)이 되었는데, 김일손의 사초(史草)를 보니 자기의 악한 것을 매우 자상히 썼고 또 세조(祖)의 일을 썼으므로, 이로 인하여 자기 원망을 갚으려고 하였다.

《성종실록》의 편찬을 지휘하던 이극돈이 사초를 살펴보니 자신에 대한 부정적인 서술이 있었던 거예요. 이극돈은 사관이었던 사림파 김일손에게 그 부분을 수정해 달라고 요청해요.

하지만 어떻게 사초를 개인의 부탁으로 수정해 줄 수 있었겠어요. 김일손은 당연히 이를 거절했지요. 이극돈은 이 상황을 바꿀 방법을 찾다가 마침 김일손의 스승이었던 김종직이 쓴 〈조의제문(弔義帝文)〉을 보게 돼요. 〈조의제문〉은 중국의 항우가 의제를 죽인 것에 빗대어 세조의 단종 폐위와 왕위 찬탈을 비판하며 쓴 글이에요. 중국의 의제는 왕실의 직계 후손으로 어린 나이에 왕위에 오르지만, 항우에게 쫓겨나 죽임을 당했어요. 세조가 계유정난을 통해 조카 단종을 죽이고 왕위에 오른 것과 비슷해요. 이를 알게 된 이극돈은 "이놈들 잘 걸렸다" 하며 유자광에게 전해요. 유자광은 재위 4년 동안 사림파의 견제를 받던 연산군에게 이 소식을 전하죠. 이에 연산군은 왕실의 권위에 도전했다며 김종직을 부관참시*하고 김일손과 사림파를 숙청해요. 이 사건을 '무오사화'라고 해요.

이 사건만 보면 이극돈은 나쁜 사람이라고 할 수 있지요. 하지만 실록의 기록을 보면 이극돈은 오히려 연산군을 말렸다고 해요. 왜냐하면 이극돈은 《성종실록》 편찬의 총지휘자 좌찬성**이었거든요. 만약 왕이 사초를 보고 문제 삼는다면 사관들은 솔직하게 기록할 수 없을 거예요. 이극돈도 직업 윤리는 확실했던 것으로 보여요. 이 일로 연산군에

★ **부관참시:** 죽은 뒤에 큰 죄가 드러난 사람을 극형에 처하던 일. 무덤을 파고 관을 꺼내어 시체를 베거나 목을 잘라 거리에 내걸음

★★ **좌찬성:** 조선시대 종일품 벼슬

게 미움을 샀는지, 사화 이후 오히려 이극돈이 보고를 늦게 했다는 이유로 벼슬에서 쫓겨나게 된답니다.

조위가 유배까지 가게 된 이유

조위는 연산군의 아버지 성종의 총애를 받으며 도승지, 충청도 관찰사, 동지중추부사까지 지낸 인물이었어요. 1495년 연산군 때는 성균관 대사성이 되었죠. 문제는 조위가 《성종실록》 편찬에 참여하면서 사관이 '조의제문'을 사초에 수록하자, 그것을 그대로 실어 편찬했다는 것이었어요. 조의제문을 쓴 김종직은 조위의 매형이기도 했고 이 둘은 매우 친한 사이였어요. 사실 조위 입장에서는 문제될 것이 없다고 여겼을 거예요. 조위가 성절사*로 북경에 간 사이 무오사화가 일어났고, 영문도 모르고 돌아온 그는 의주에서 오랫동안 유배되었어요. 그 뒤에 순천으로 유배지가 옮겨졌어요. 늘 그렇듯 사람에게 누명을 씌우는 건 거짓과 사실을 적절히 꾸민 그럴듯한 말이었어요. 조위가 김종직의 '조의제문'을 실으라고 허락해 준 것이지 조위가 직접 지은 것도 아닐뿐더러, 실제로 조위는 정권을 뒤엎거나 왕실을 위협하려는 마음이 전혀 없었거든요. 설상가상으로 유배지에서 죽은 조위는 1504년 갑자사화(甲子士禍)가 일어나면서 부관참시까지 당하는 수모를 겪어요. 이런 배경을 놓고 〈만분가〉를 다시 읽으면 그의 억울함이 사무쳐, 죽어서도 〈만분가〉를 목 놓아 부를 것 같은 생각이 든답니다.

★ **성절사**: 조선시대 명나라 황제나 황후의 생일을 축하하기 위해 보내던 사신

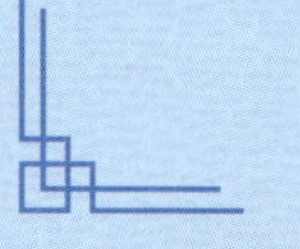

저 건너 일편석이
기묘사화

저 건너 일편석이

- 조광조

져 건너 일편석(一片石)이 강태공(姜太公)의 조대(釣臺)로다

문왕(文王)은 어듸 가고 뷘 대(臺)만 남았는고

석양(夕陽)에 물 차는 제비만 오락가락 하더라

저 건너 일편석이

**중종 때 도학 정치*를 이루려던 조광조가
임금을 그리워하며 쓴 평시조**

-조광조(趙光祖, 1482~1520)
조선 초기 학자이자 정치인, 사림파의 중시조

져 건너 일편석(一片石)이 강태공(姜太公)의 조대(釣臺)로다

저 건너편 한 조각의 돌은 그 옛날 강태공이 낚시질하던 곳이로다.

문왕(文王)은 어듸 가고 뷘 대(臺)만 남았는고

강태공을 스승으로 삼았던 주나라 무왕의 아버지 문왕은 어디 가고 빈자
리만 남았는고

석양(夕陽)에 물 차는 제비만 오락가락 하더라

저녁 노을에 제비만 물을 차며 왔다 갔다 하는구나.

★ **도학 정치**: 성리학적 도덕을 정치의 기준으로 삼아 왕도 정치를 실현하고자 한 사림 중심의
개혁 정치

시의 창작 배경 및 상황

〈저 건너 일편석이〉는 중종 때 사림파의 중심 인물로서 당시 개혁 정치를 이끌었던 조광조가 쓴 시예요. 이 시에는 중국 강태공과 문왕의 만남을 비유해 자신을 알아봐 줄 임금을 애타게 기다리는 조광조의 마음이 담겨 있어요.

강태공이 3000년 전 중국 황하강의 지류인 위수라는 곳에서 바늘 없는 낚시를 했어요. 10년 동안 낚싯대 3600개를 버려 가며 낚시터에서 자신을 알아봐 줄 사람을 기다렸지요. 어느 날 문왕이 사냥을 가기 전 점을 쳤는데 이번 사냥에서 짐승 대신 훌륭한 인재를 얻을 거라는 점괘가 나왔어요. 인재를 애타게 찾던 문왕은 기뻐하면서 사냥길에 나섰어요. 아니나 다를까 그날따라 동물은 한 마리도 잡히지 않았어요. 위수에 다다르니 한 노인이 낚시를 하고 있었어요. 문왕은 그 사람이 바로 훌륭한 인재라는 걸 한눈에 알아봤어요.

문왕은 강태공을 '태공망'이라 부르며 국사의 지위로 모셨어요. 당시 강태공의 나이가 70이 넘었다고 하니, 자신의 능력을 알아봐 줄 사람을 뒤늦게 만난 것이죠. 이후 강태공은 문왕을 도와 당시 폭군이었던 은나라의 주왕을 무너뜨리고 주나라를 세웠어요. 주나라의 첫 번째 왕이 바로 문왕의 아들 무왕이었고, 강태공은 주나라를 세운 일등 공신이 되었답니다.

조선 중종 때 정치인 조광조는 왜 강태공과 문왕의 일화를 예로 들며 시조를 만들었을까요? 그건 바로 자신도 강태공처럼 자기를 알아봐 줄 임금을 그리워하고 있음을 말하고 싶어서였을 거예요. 물론 종장에서 '결국 남은 건 저녁노을 속 물을 차는 제비'라며 무상함을 나타내고 있지만, 급진적인 개혁 정치를 추진하는 자신을 알아봐 주지 못하는 임금에 대한 답답함과 안타까움이 가득 담긴 시라고 할 수 있어요.

조광조와 기묘사화

조광조는 중종반정 이후 유교적 이상 정치를 펼칠 적임자로 사림파에 의해 추대됐어요. 중종반정은 연산군을 내쫓고, 중종이 왕이 된 사건을 말해요. 앞서 조위의 시 〈만분가〉에서 살펴본 무오사화의 발단이 된 사초를 지은 인물이 김종직인데, 김종직의 학통을 이은 인물이 김굉필이고, 조광조는 김굉필의 제자였거든요. 중종이 신진 학자들을 등용했을 때 조광조는 사림들의 추앙을 받아 사림 대표로 활약했어요. 그와 신진 사림들은 서둘러 개혁 정책을 추진했죠. 현량과* 같은 파격적인 제도를 만들었어요. 또한 《중종실록》 1519년 7월 21일 기록을 보면, 중종은 조광조를 아끼고 신뢰했음을 알 수 있어요.

조광조가 말하자 중종은 얼굴빛을 가다듬으며 들었고, 서로 진정으로 간절히 논설해 날이 저무는 줄도 모르다가 환관이 촛불을 들고 가자

★ **현량과:** 학문과 덕행, 재주가 뛰어난 인재를 천거해 임금이 직접 면접으로 선발하고 관료로 임용하는 것

그제야 그만두었다.

하지만 그의 강력한 개혁 정치는 왕과 공신 세력인 훈구파의 반발을 샀고, 기묘사화(己卯士禍)가 일어나 결국 조광조는 유배되어 사약을 받았어요.

그렇다면 조광조를 죽음에 이르게 한 기묘사화란 무엇일까요?

기묘사화는 중종 14년(1519년) 기묘년에 일어난 사화를 말해요. 기묘사화로 조광조, 김식 등 사림들이 큰 피해를 입었어요. 표면적인 원인은 '주초위왕(走肖爲王)'이란 문구 때문이라고 하지만 사실 여부는 확실하지 않고, 중종의 친위 쿠테타로 평가하는 경우도 있어요. 주초위왕은 나뭇잎에 꿀로 '주초위왕'이라는 글자를 써 벌레가 갉아 먹게 한 후 이를 왕에게 보여 준 사건이에요. 주(走) 자와 초(肖) 자를 합하면 조(趙)가 되니 조씨가 왕이 된다는 뜻이었지요. 조씨라면 당시 최고 권력을 쥐고 있던 조광조가 떠오르고, 이는 조광조가 왕위 찬탈의 야심을 가지고 있다는 음모로 연결되었답니다.

처음에는 중종도 반정으로 왕이 된 후 훈구파를 몰아내기 위해 사림을 내세워 개혁 정치를 펼쳤지만, 조광조의 파격적인 개혁이 부담스러웠지요. 게다가 조광조는 중종반정 이후 임명된 공신 중 공을 세우지 않은 사람들은 공신록에서 삭제하고, 작위와 재물을 반납시키자는 '위훈 삭제'를 추진했거든요. 어쩌면 당연한 일이었는데 왕과 훈구 대신들은 모두 강하게 반발했어요. 실제로 기묘사화는 중종이 76인의 위훈을 삭제하고 며칠 후 일어났으니 위훈 삭제와 관련이 깊다고 볼 수 있어요.

　시대를 앞서간 개혁가 조광조는 그것을 받아들이지 못하는 기존 세력에 의해 철저하게 비판받으며 사라져 갔어요. 결국 자신을 알아봐 줄 임금을 만나지 못한 채 조광조의 이상적인 개혁 정치는 막을 내리고 말았죠. 하지만 조광조가 죽고 시간이 흐른 뒤 조선 성리학과 도학의 정통으로 광해군 2년(1610년) 문묘*에 종사되면서** 명예를 회복했답니다.

★　**문묘:** 유학을 집대성한 공자나 여러 성현의 위패를 모시고 제사를 드리는 사당

★★　**종사되다:** 학덕이 있는 사람의 신주가 문묘나 사당, 서원 등에 모셔지다

16

대관령을 넘으면서(읍별자모)

조선 그리고 어머니

대관령을 넘으면서

- 신사임당

慈親鶴髮在臨瀛 자친학발재림영

身向長安獨去情 신향장안독거정

回首北村時一望 회수북촌시일망

白雲飛下暮山靑 백운비하모산청

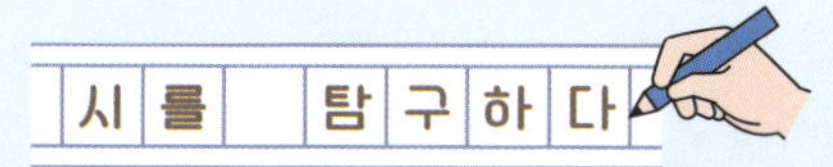

대관령을 넘으면서

이 시의 별칭은 《유대관령망친정(踰大關領望親庭)》으로,
대관령을 넘으며 친정을 바라본다는 의미도 있음

- **신사임당**(申師任堂, 1504~1551)
조선 중기의 시인, 화가이자 율곡 이이의 어머니

慈親鶴髮在臨瀛　　자친학발재림영

백발의 어머니는 임영땅(강릉)에 계신데

身向長安獨去情　　신향장안독거정

내 몸은 서울을 향해 홀로 떠나는 마음이라

回首北村時一望　　회수북촌시일망

어머니 계신 북촌으로 고개를 돌려 바라보니

白雲飛下暮山靑　　백운비하모산청

흰 구름은 날아 내리고 저무는 산이 푸르구나.

시의 창작 배경 및 상황

　이 시는 신사임당이 친정인 강릉에서 서울로 이사하며 어머니와 헤어질 때 쓴 시로 추정돼요. 대관령 고개에서 고향을 바라보며 늙은 어머니에 대한 사랑과 헤어짐의 슬픔을 노래로 지은 것이죠. 이 시를 정확히 언제 지었는지는 알기 어려워요. 다만 신사임당이 결혼하고 친정을 언제 떠났는지 살펴보면 대략 지은 때를 추정할 수 있어요.

　신사임당은 1522년 19세에 결혼하는데, 친정에 아들이 없었기에 늙은 어머니가 걱정되어 남편의 동의를 얻어서 시댁에 가지 않고 친정에 머물렀어요. 그런데 결혼 몇 달 뒤 아버지가 세상을 떠나 친정에서 삼년상을 마치고 시댁인 파주 율곡리에 머무르기도 하고, 강원도 평창군 봉평면 백옥포리에서도 여러 해 살았어요. 이때 종종 친정에 가서 홀로 사는 어머니와 함께 지내기도 했고, 1537년 셋째 아들 이이도 강릉에서 낳았어요. 1541년 38세에 시집 살림을 주관하기 위해 아예 서울로 떠나왔어요. 이 점을 생각하면 1525년에서 1541년 사이에 지었을 것으로 추정할 수 있어요.

신사임당 알아보기

신사임당은 조선 최고의 여성 예술가이자 율곡 이이의 어머니예요. 사임당의 이름은 정확히 알려진 바는 없고 스스로 지은 호 '사임당(師任堂)'으로 전해지고 있어요. 사임당의 '사임(師任)'은 '중국 주나라 문왕의 어머니인 태임(太任)을 본받는다'라는 뜻이에요. 태임은 어질고 현숙한 분이었대요. 태임을 본받아 어질고 현숙한 어머니이자 여성이 되고 싶어 사임으로 호를 지은 것이죠. 그렇다면 '당(堂)'은 무슨 뜻일까요? '당'은 안주인이 지내는 별채를 지칭하는 단어로, 사임당 사후에 붙여진 거예요.

사임당은 강원도 강릉의 오죽헌에서 태어났어요. 오죽헌은 사임당의 어머니 집이었어요. 사임당의 친정집은 노비만 100명이 넘고, 논과 밭도 4만 6000평이 넘는 엄청난 부자였어요. 조선 초까지 남녀가 동등하게 재산 분배를 했기 때문에 외동딸이었던 사임당의 어머니가 친정의 재산을 물려받았지요.

사임당은 딸 다섯 중 둘째 딸로 태어났고 어릴 적부터 굉장히 총명했어요. 그림 실력이 유독 뛰어났는데 천재 화가였던 안견의 〈몽유도원도〉를 따라 그리면서 실력을 쌓았어요. 조선시대 여성으로서 바느질과 한글을 익히는 대신 그림을 그릴 수 있었던 건, 아버지와 어머니의 전폭적인 지지가 있었기 때문이에요. 그녀의 아버지는 딸이 살림을 하는 대신 실컷 그림을 그리면서 살 수 있도록 사윗감도 직접 골라 주었어요.

19살이 되던 해, 사임당은 아버지가 골라 준 사윗감 이원수와 결혼했어요. 22살 이원수는 가난한 집의 아들로 아버지를 일찍 여의고 홀어머니 밑에서 자랐는데, 과거 급제를 하지 못했어요. 사임당 아버지는 처가살이가 가능한 이원수를 택했던 것 같아요. 이를 받아들인 이원수는 오죽헌에서 처가살이를 시작했고, 사임당은 부유한 친정에서 그림 그리기에 열중할 수 있었어요.

어느 날 사임당이 잔치에 참석했는데 치마에 음식 얼룩이 묻어 당황하던 여인의 치마폭에 그림을 그렸다는 일화를 들어 본 적이 있을 거예요. 그 유명한 그림이 바로 〈묵포도도〉예요. 포도송이가 얼마나 실감 났는지 주변 사람들은 모두 그녀의 재능에 화들짝 놀랐다고 하죠. 또, 어느 날은 그녀가 〈초충도〉를 그려 마당에 놓고 말리는데 닭이 와서 진짜 벌레인 줄 알고 쪼았다는 일화도 있어요. 예술가로서의 재능을 일찍 알아보고 지켜 주었던 아버지의 사랑도 한몫했던 것 같지요?

사임당과 율곡 이이

1659년 사임당이 죽은 지 108년이 지난 때, 조선 후기 최고의 학자

송시열은 《송자대전》에서 "사람의 손으로 그렸다고는 믿을 수 없을 정도로 자연스럽고 인력이 범할 수 없는 것이다"라며 사임당의 〈묵란도〉라는 작품을 평가했어요. 물론 송시열이 율곡 학파였기에 신사임당을 높게 평가한 것일 수도 있지만, 그녀가 대단한 화가였음은 틀림없어요. 사임당의 예술성은 큰딸 매창에게 전해졌는데, 매창 역시 유명한 여류 화가로 이름을 날렸지요.

사임당은 결혼 2년 후 첫아들을 품에 안고 슬하에 일곱 명의 자녀를 두었어요. 율곡 이이는 사임당의 셋째 아들이었지요. 이원수는 과거에 줄줄이 낙방해 사임당의 속을 썩였지만, 아들 율곡은 과거에 아홉 번이나 급제해 '구도장원공(九度壯元公)'이라 칭송받았답니다. 사임당이 율곡을 가졌을 때 꿈을 꿨는데, 강릉 앞바다의 소용돌이 속에서 용 한 마리가 솟아오른 뒤 방으로 들어왔다고 해요. 이 꿈에 따라 사임당은 율곡의 어릴 적 이름을 '현룡'이라 지었어요. 이원수가 깜박 낮잠을 자는데 꿈에 도인이 나타나 아이가 큰 유학자가 될 것이니 이름을 이(珥)자로 바꾸라고 했다지요. 이미 현룡이라는 이름이 있었지만, 이원수는 아들 이름을 '이이'로 바꿨어요. 귀고리 이를 반으로 나누면 임금 왕(王)과 귀 이(耳) 자 거든요. 임금의 이야기에 귀를 기울이고 백성을 대변하라는 뜻이라 생각할 수도 있지요.

이이의 호인 '율곡'은 '밤나무골'이라는 뜻인데 길을 지나던 스님이 이이를 보더니 밤나무 1000그루를 심어야 아이가 건강하게 자랄 수 있다고 했고, 이를 들은 이원수가 실제로 밤나무를 1000그루 심었다는 데서 유래해요. 이원수가 아들 이이를 위해 심은 나무는 지금도 이이의 본가 파주에 자리 잡아 이 동네를 '율곡리'라고 해요. 사임당의 비범한 아들 율곡은 탄생과 생애 또한 비범했지요.

사임당은 율곡이 15살이 되었을 때 병으로 세상을 떠났고, 이후 율곡은 방황의 길을 걷게 된답니다. 왜냐하면 사임당은 생전에 이원수에게 자신이 죽으면 절대 후처를 들이지 말라고 간곡히 부탁했는데 사임당이 사망하자 이원수가 재혼을 해 버렸거든요. 충격을 받은 율곡은 머리를 깎고 금강산의 절로 들어갔어요. 사랑하고 존경하던 어머니가 세상을 떠나고 아버지조차 새장가를 들었으니 마음 붙일 곳이 없었던 것이죠. 당시 조선은 유교를 숭상하고 불교를 억제하던 시기였는데 절에 들어가다니, 율곡이 느낀 충격이 얼마나 컸는지 가늠할 수 있어요.

후에 율곡이 성균관에 들어갔을 때 중이 성균관에 들어왔다며 놀리고 배척하는 학생들이 있었다고 해요. 그런 놀림에 아랑곳하지 않고 율곡은 과거에 급제하며 그들의 코를 납작하게 했답니다.

사임당은 조선 최고의 예술가였으나 여성이 존중받지 못하는 조선 사회에서 큰 뜻을 펼칠 수 없었어요. 하지만 그녀가 조선 최고의 어머니이자 현명한 여성이었음은 자녀를 통해 증명되었답니다.

17

동지ㅅ둘 기나긴 밤을

조선 그리고 여성 예술가

Q. 사랑은 붙잡을 수 있는 것인가?

동지ㅅ둘 기나긴 밤을

- 황진이

동지(冬至)ㅅ둘 기나긴 밤을 한 허리를 버혀 내어

춘풍(春風) 니불 아레 서리서리 너헛다가

어론 님 오신 날 밤이여든 구뷔구뷔 펴리라

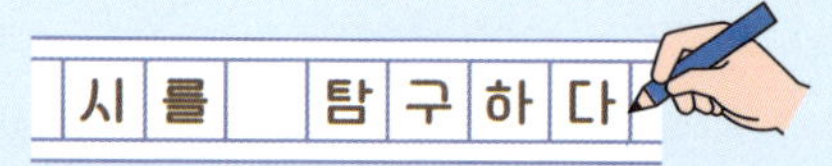

동지ㅅ돌 기나긴 밤을

1년 중 가장 밤이 긴 동짓달 밤을 뚝 잘라
임이 오시는 날 펴겠다는 의미

- 황진이(黃眞伊, 1506~1567)
조선 중기의 시인, 기생, 음악가

동지(冬至)ㅅ돌 기나긴 밤을 한 허리를 버혀 내어
동짓달 기나긴 밤의 한가운데 허리를 잘라 내어

춘풍(春風) 니불 아레 서리서리 너헛다가
봄바람처럼 따뜻한 이불 밑에 잘 넣어 두었다가

어론 님 오신 날 밤이여든 구뷔구뷔 펴리라
고운 님 오시는 날 밤이 되면 굽이굽이 펴리라.

시의 창작 배경 및 상황

황진이에 관한 이야기들은 실록 같은 공식 기록이 아닌 《송도기이》, 《어유야담》 같은 야사나 설화로 전해져요. 황진이는 개성의 양반 가문에서 태어났지만, 어머니가 '진현금'이라 불리는 기녀였기 때문에 황진이 역시 기녀 신분이 되었지요. 기생 명부에 '명월'이라 이름을 올렸어요. 그녀를 중종 때의 인물로 추측할 수 있는 건 임제라는 시인이 그녀의 무덤가에서 시조를 지어 삭탈관직*을 당했다는 기록이 있고, 중종 때 대제학을 지낸 소세양에게 보낸 그녀의 시가 전해지는 걸 보고 알 수 있어요.

　황진이는 시대를 뛰어넘어 현재까지 회자되고 있는 여러 시를 남긴 조선 최고의 기생이었어요. 조선시대의 기생은 노래, 춤, 악기 연주, 시 창작 등 예술 분야에서 뛰어난 재능을 갖춘 사람이었죠. 황진이의 미모와 예술성에 반한 남자들이 그녀를 짝사랑해 상사병을 앓을 정도였다고 해요. 그중에서도 왕족 벽계수와 황진이의 일화가 유명해요. 황진이는 누구나 한번 보면 사랑에 빠질 정도로 매력적이었는데, 벽계수는 그녀에게 눈길도 주지 않았지요. 자존심이 상한 황진이는 그에게 〈청산리 벽계수야〉라는 시를 지어 바쳤어요. 이 시를 낭송하는 소리를 듣고 벽계수가 놀라 말에서 떨어졌다고 해요. 그 시의 내용을 살펴볼까요?

청산리(靑山裏) 벽계수(碧溪水)야

수이감을 자랑마라

푸른 산 아래 푸른 계곡물(벽계수를 빗댐)아

쉬이 흘러감을 자랑하지 말아라.

잘난 척하지 말라

일도창해(一到滄海)하면

다시 오기 어려워라

일도창해(한번 바다로 흘러 들어가면)하면

다시 이곳으로 돌아오기는 어려워라.

지금 가면 나는 당신을 다시는 안 볼 것이며

기회는 없다는 최후 통첩

★ **삭탈관직**: 죄를 지은 자의 벼슬과 품계를 빼앗고 벼슬아치의 명부에서 그 이름을 지우던 일

명월(明月)이 만공산(滿空山)하니

쉬어 간들 어떠리

명월(황진이 자신을 밝은 달에 빗댐)이 온 산에 가득하니

잠시 쉬어 가는 것이 어떠리.

자신과 좀 놀면서 사랑하며 지내는 건 어떠하냐

표면적으로는 흐르는 시냇물이 바다에 닿으면 다시 못 오니 쉬어 가라는 것이지만, 속뜻은 벽계수에게 잠시 쉬어 가면 어떻겠냐며 유혹하는 내용이에요. 황진이의 당돌한 면모를 엿볼 수 있는 시예요.

황진이와 서경덕

황진이가 사랑하고 존경했던 인물 서경덕과의 일화를 보면 황진이의 사람됨을 알 수 있어요. 서경덕은 화담(花潭)이라는 호를 가진 조선 시대의 대학자이자 철학자였어요. 관직에 진출해 뜻을 펼치지는 않았지만, 재야에서 학문을 연구했죠. 조광조가 시행한 현량과에 수석으로 추천될 정도로 학식이 높았다고 해요. 율곡 이이도 서경덕 학문의 독창성을 인정할 정도였어요.

시골 선비 서경덕과 황진이는 전혀 어울리지 않는 조합이지만, 황진이는 그를 깊이 따르며 스승으로 모셨어요. 정확한 기록이 남아 있지 않아 사실 여부는 확인할 수 없지만, 현재까지 전하는 일화에 따르면 많은 남자가 황진이를 보고 반했는데 서경덕은 황진이의 유혹에도 꿈쩍하지 않았다고 해요. 이에 황진이는 오히려 그를 존경하게 되었고요. 황진이가 서경덕에게 학문을 배우고자 찾아갔고 서경덕은 그녀를 흔쾌히 제자로 받아들였어요. 서경덕이 기생 황진이를 제자로 받아 준 것은 학문은 누구나 배울 수 있다고 생각했던 열린 선비 정신 때문이었지요. 기생인 자신을 거리낌 없이 제자로 받아 준 서경덕에게 황진이는 더욱 깊은 존경심을 품게 되었답니다.

이후 10년간 황진이는 서경덕에게 학문을 배웠어요. 기생으로서는 참으로 이례적인 행동이었죠. 그러던 어느 날 황진이는 모든 것을 버리고 자신에게 끊임없이 구애하던 남자 '이생'과 금강산으로 여행을 떠났어요. 왜 그녀는 금강산으로 떠났던 것일까요? 존경하는 서경덕을 두고 말이에요. 그건 바로 스승 서경덕이 죽었기 때문이었어요. 그녀의 여행은 명산을 찾아 돌아다니며 공부했던 서경덕의 뜻을 기리는 추억 여행이었던 것으로 보여요. 그녀는 약 3년간 1296리(509킬로미터)를 걸었어요. 당시의 험난한 지형과 의복, 신발을 생각하면 참으로 대단한 일이었지요. 참고로, 이생은 중간에 포기했고 황진이는 끝까지 해냈답니다.

천한 기생 신분이었으나 뛰어난 재능과 예술성을 가진 조선의 예술가 황진이. 그녀가 500킬로미터를 걸으며 찾고자 했던 건 무엇이었을까요? 스승에 대한 그리움, 존경심이었을까요? 아니면 허전함을 달래기 위한 수단이었을까요? 아마도 그녀가 걷고 또 걸으며 얻으려고 했던 건 '자유'가 아니었을까요? 조선시대에 신분을 뛰어넘는 것, 여성이라는 한계에 도전하는 것은 참으로 어려운 일이었을 테니까요.

18

규원가

조선 그리고 여성

Q. 당신은 대체 어디에 계십니까?

규원가

- 허난설헌

엇그제 저멋더니 ᄒ마 어이 다 늘거니.

소년행락(少年行樂) 생각ᄒ니 일러도 속절업다.

늘거야 서른 말ᄉ 하자니 목이 멘다.

부생모육(父生母育) 신고(辛苦)ᄒ야 이내 몸 길러낼 제,

공후배필(公候配匹)은 못 바라도 군자호구(君子好逑) 원(願)ᄒ더니,

삼생(三生)의 원업(怨業)이오 월하(月下)의 연분(緣分)으로

장안유협(長安遊俠) 경박자(輕薄子)ᄅᆞᆯ 꿈ᄀᆞ치 만나 잇서,

당시(當時)의 용심(用心)ᄒ기 살어름 디듸는 듯,

삼오이팔(三五二八) 겨오 지나 천연여질(天然麗質) 절로 이니,

이 얼골 이 태도(態度)로 백년기약(百年期約)ᄒ얏더니,

연광(年光)이 훌훌하고 조물(造物)이 다시(多猜)하야,

봄바람 가을 믈이 뵈오리 북 지나듯

설빈화안(雪鬢花顔) 어듸 두고 면목가증(面目可憎) 되거고나.

내 얼골 내 보거니 어느 님이 날 괼소냐.

스스로 참괴(慙愧)하니 누구를 원망(怨望)하리.

삼삼오오(三三五五) 야유원(冶遊園)의 새 사람이 나단 말가.

곳 피고 날 저물 제 정처(定處) 업시 나가 잇어,

백마(白馬) 금편(金鞭)으로 어듸어듸 머무는고.

원근(遠近)을 모르거니 소식(消息)이야 더욱 알랴.

인연(因緣)을 긋쳐신들 싱각이야 업슬소냐.

얼골을 못 보거든 그립기나 마르려믄.

열두 째 김도 길샤 설흔 날 지리(支離)하다.

(후략)

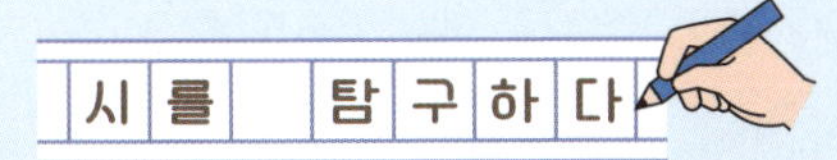

규원가(閨怨歌)

안방 규(閨), 원망하다 원(怨), 노래 가(歌)
규방에서 원망하는 노래

- 허난설헌(許蘭雪軒, 1563~1589)
조선 중기의 시인, 작가, 화가

엊그제 젊었는데 어찌 벌써 늙어 버렸는가?

어릴 적 즐겁게 지내던 일을 생각하니 말을 해도 소용없다.

늙어서 서러운 사연을 말하자니 목이 메이는구나.

부모님께서 낳아 기르시며 몹시 고생하여 이 몸 길러낼 때

높은 벼슬아치의 배필은 바라지 못할지라도 군자의 좋은 짝이 되기를 바라셨는데

전생에 지은 원망스러운 업보요. 부부의 인연으로

장안의 호탕하고 경박한 사람을 꿈같이 만나서

시집가고 나서 남편의 시중을 들면서 조심하기를 마치 살얼음판을 디디는 듯하였다.

열다섯, 열여섯 살을 겨우 지나 타고난 고운 모습이 저절로 나타나니

이 얼굴과 이 태도로 평생을 변함없기를 바랐더니

세월이 빨리 지나가고 조물주도 시샘이 많아서

봄바람 가을 물(세월)이 베틀의 올에 북이 지나가듯(빨리 지나)

아름다운 얼굴 어디 두고 밉게도 되었구나.

내 얼굴을 내가 보고 알겠는데 어느 임이 나를 사랑할 것인가?

스스로 부끄러운데 누구를 원망할 것인가?

삼삼오오 (다니는) 기생집에 새 기생이 나타났다는 말인가?

꽃 피고 날 저물 때 정처 없이 나가서,

호사스런 차림을 하고 어디에서 머물러 노는가?

가까이 있는지 멀리 있는지 모르는데 남편의 소식이야 더욱 알 수 있겠는가?

인연을 끊으려고 한들 (임에 대한) 생각이 안 나겠는가?

(남편의) 얼굴을 못 보니 그립기나 말았으면 좋으련만

남편을 그리워하다 보니 하루가 길기도 길어 한 달이 지루하구나.

(후략)

시의 창작 배경 및 상황

〈규원가〉는 사대부들의 전유물이었던 가사 문학의 작가층을 여성으로 확대하는 데 큰 영향을 끼친 작품이에요. 〈규원가〉는 남편에 대한 원망의 마음을 담고 있기에 〈원부가〉(怨婦歌, 남편을 원망하는 노래)라고도 불려요. 조선의 시인이자 화가, 문장가였던 허난설헌의 본명은 초희, 난설헌은 그녀의 호예요. 《홍길동전》을 지은 허균의 누나이기도 하지요.

이 가사의 형식을 살펴보면, 총 50행 100구로 이루어졌고, 4음보의 정형성을 보이고 있어요. 내용은 빈 방을 지키며 눈물로 세월을 보내는 버림받은 여인의 한탄을 담고 있는 작품입니다.

허난설헌 알아보기

허난설헌은 강원도 강릉에서 태어났어요. 어린 시절 그녀는 용모가 빼어날 뿐 아니라 신동이라 할 정도로 글재주가 뛰어났다고 해요. 문장가였던 아버지 허엽은 딸에게 직접 글과 서예를 가르쳤고, 난설헌은 오빠들과 함께 글쓰기와 시 쓰기를 배웠어요. 하지만 1577년 허난설헌이 15살에 김성립과 결혼하면서 삶이 바뀌기 시작했어요. 결혼 생활은 순탄치 않았고, 20대 젊은 나이에 남편의 관심을 받지 못하는 안타까움과 원망이 가득한 삶을 살았어요. 한창 꽃피울 나이에 벌써 자신의 늙음을 슬퍼하다니, 참 안타까운 조선 여성의 삶이었지요.

김성립은 자기보다 똑똑한 아내를 탐탁지 않게 생각하며 술을 마시고 밤새워 노는 것을 좋아했어요. 어느 날 남편이 기생집에 갔다는 소식을 들은 난설헌은 "낭군자시무심자, 동접하인종반간(郎君自是無心者, 同接何人縱半間)"이라는 시를 적어 보냈어요. 해석하면 "남편께선 이렇듯 다른 마음 없으신데, 같이 공부하는 이는 어찌 된 사람이길래 이간질하는가"라는 뜻이었지요. 같이 공부한다며 어울려 다니는 김성립의 친구들과 김성립 모두에게 일침을 가했던 거예요. 시부모 또한 아들보다 똑똑한 며느리를 탐탁지 않게 생각하며 구박했어요. 천재적인 문인이었지만 의지할 곳 없는 난설헌은 시로 마음을 다스릴 뿐이었어요.

그러던 중 자신을 어여삐 여기던 아버지 허엽이 세상을 떠나고, 얼마 지나지 않아 어린 딸과 아들도 병으로 죽었어요. 이에 그녀는 '피눈물에 목이 메인다'는 〈곡자(哭子)〉라는 시를 써요. '울 곡' 자에 '아들 자' 자를 쓴 이 시에는 어린 자식 둘을 잃은 어미의 비통한 심정이 가득 담겨 있답니다.

지난해 사랑하는 딸을 잃고 올해 사랑하는 아들을 잃었네. 슬프고 슬픈 광릉* 땅이여. 두 무덤이 마주 보고 있구나. 백양나무에는 쓸쓸한 바람이 일어나고 도깨비불은 숲속에서 번쩍인다. 종이돈으로 너희 혼을 부르고, 너희 무덤에 술잔을 따르네. 아아! 너희들 남매의 혼은 밤마다 정겹게 어울려 놀으리. 비록 뱃속에 아기가 있다 한들 어찌 잘 자라기를 바랄 수 있으리오.

아버지와 자식을 잃은 난설헌이 슬픔에 잠을 이루지 못할 때도 남편 김성립은 기생집을 드나들며 놀기에 바빴어요. 설상가상으로 어머니마저 돌아가시고 임신한 아이도 유산되는 시련이 찾아왔어요. 오빠 허봉과 동생 허균 또한 귀양을 떠나게 되었고, 그녀는 처참히 홀로 남겨

★ **광릉:** 자식의 무덤이 있는 지역

졌어요. 의지할 곳 없던 난설헌은 "금년(1589년)이 바로 3.9수(3×9=27)
에 해당되니, 오늘 연꽃이 서리에 맞아 붉어졌다"라는 의미심장한 시
를 남기고 27살 나이에 외롭게 죽음을 맞이하게 돼요. 그녀가 스스로
죽음을 선택한 것인지, 아니면 죽음을 예견한 것인지는 알 수 없지만,
인생이 참으로 비극적이었다는 사실은 틀림없어요.

그녀는 죽기 직전 자신의 방에 있던 작품을 스스로 불태우고, 허균
에게는 친정집에 있던 작품을 태워 달라고 유언했지만, 허균은 누나를
아끼는 마음에 작품을 고이 모셨다가 《난설헌집》으로 엮어 세상에 선
보였어요.

1606년에 허균은 명나라 사신을 접대하는 종사관이 되었고, 명나라
에서 문장과 학식으로 이름을 날리던 주지번을 만나게 되었어요. 허균
이 주지번에게 누나 난설헌의 시를 보여 주자 주지번이 그녀의 시를
극찬했다고 해요. 그녀를 알아봐 준 이가 나타난 것이지요. 이후 중국
에서 난설헌의 시집이 출판되었고, 1711년에는 일본에서도 간행되었
어요.

27년이라는 짧은 생애 동안 슬프고 비통하게 살았던 조선의 여성,
난설헌! 조선에서 똑똑한 여성으로 태어난 그 천재성 때문에 외로운
삶을 살았지만, 사후에 작품성을 인정받은 《난설헌집》을 지금의 우리
가 기억해 주면 좋겠어요.

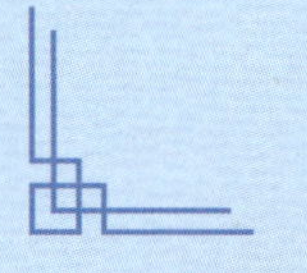

관동별곡

정여립 '모반 사건'

Q. 꿈은 무엇이고, 현실은 무엇인가?

관동별곡

- 정철

강호(江湖)에 병(病)이 깁퍼 듁님(竹林)의 누엇더니, 관동(關東) 팔백(八白) 니(里)에 방면(方面)을 맛디시니, 어와 셩은(聖恩)이야 가디록 망극(罔極)ᄒ다. 연츄문(延秋門) 드리드라 경회(慶會) 남문(南門) ᄇ라보며, 하직(下直)하고 믈너나니 옥졀(玉節)이 알픠셧다. 평구역(平丘驛) 물을 ᄀ라 흑슈(黑水)로 도라드니, 셤강(蟾江)은 어듸메오 티악(雉岳)이 여긔로다.

쇼양강(昭陽江) ᄂ린 믈이 어드러로 든단 말고. 고신거국(孤臣去國)에 빅발(白髮)도 하도 할샤. 동쥐(東州) 밤 계오 새와 븍관뎡(北寬亭)의 올나ᄒ니, 삼각산(三角山) 뎨일봉(第一峰)이 ᄒ마면 뵈리로다. 궁

왕대궐(弓王大闕) 터희 오쟉(烏鵲)이 지지괴니, 쳔고(千古) 흥망(興亡)을 아눈다 몰ᄋ눈다. 회양(淮陽) 녜 일홈이 마초아 ᄀ톨시고. 급댱유(汲長孺) 풍치(風彩)를 고텨 아니 볼 게이고.

영듕(營中)이 무ᄉ(無事)ᄒ고 시졀(時節)이 삼월(三月)인 제, 화쳔(花川) 시내길히 풍악(楓岳)으로 버더 잇다. 힝장(行裝)을 다 썰티고 셕경(石逕)의 막대 디퍼, 빅쳔동(百川洞) 겨퇴 두고 만폭동(萬瀑洞) 드러가니, 은(銀) ᄀ튼 무지게, 옥(玉) ᄀ튼룡(龍)의 초리, 셧돌며 쑴눈 소리 십 리(十里)의 ᄌ자지니, 들을 제눈 우레러니 보니눈 눈이로다. 금강ᄃᆡ(金剛臺) 민 우(層)층의 션학(仙鶴)이 삿기 치니, 츈풍(春風) 옥뎍셩(玉笛聲)의 첫ᄌᆞᆷ을 씨돗던디, 호의현샹(縞衣玄裳)이 반공(半空)의 소소 쓰니, 셔호(西湖) 녯 쥬인(主人)을 반겨셔 넘노눈 둣.

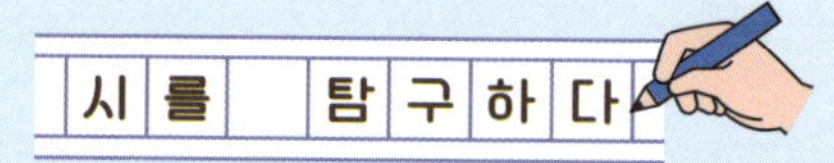

관동별곡(關東別曲)

**강원도 관찰사로 원주에 부임해 내금강, 외금강, 해금강과
관동팔경을 유람하며 감흥을 표현한 작품**

- 정철(鄭澈, 1537~1594)
조선 중기 정치인이자 시인.
사미인곡, 속미인곡 등 장편 가사를 남김

자연을 사랑하는 마음이 고질병이 되어 창평에서 지내고 있었는데, 8백 리나 되는 강원도 관찰사의 직분을 맡겨 주시니, 아아, 임금님의 은혜야말로 갈수록 끝이 없다. 경복궁의 연추문으로 달려들어가 경회루 남쪽 문을 바라보며 임금님께 하직 인사를 드리고 물러나니, 옥으로 된 관직의 신표가 앞에 서 있다. 경기도 양주의 평구역에서 말을 갈아타고 여주에 있는 흑수로 돌아드니, 섬강은 어디인가? 치악산이 여기로구나.

소양강을 흘러내리는 물이 어디로 흘러든다는 말인가? 임금 곁을 떠나는 외로운 신하가 근심, 걱정이 많기도 많구나. 동주(강원도 철원)에서 밤을 뜬 눈으로 새워 북관정에 오르니, 임금 계신 서울의 삼각산 제일 높은 봉우리가 웬만하면 보일 것도 같구나. 옛날 태봉국 궁예 왕의 대궐 터였던 곳에 까마귀와 까치떼가 지저귀니, 한 나라의 흥하고 망함을 알고 우는가, 모르고 우는가? (내가 관찰사 임무를 받은 지역인) 회양이 옛날 한나라에 있던 '회양'이라는 고을 이름과 공교롭게도 같구나. 중국의 회양 태수로 선정을 베풀었다는 급장유의 풍채를 이곳에서 나를 통해 다시 보지 않겠는가?

감영(관청) 안이 무사하고, 시절이 3월인 때, 화천의 시냇길이 금강산 쪽으로 뻗어 있다. 행장을 간편히 하고, 돌길에 지팡이 짚고, 백천동을 지나서 만폭동 계곡으로 들어가니, 은같이 하얀 무지개, 옥같이 고운 용의 꼬리처럼 아름다운 폭포가 섞어 돌며 내뿜는 소리가 십 리 밖까지 퍼졌으니, 멀리서 들을 때에는 우렛소리 같더니, 가까이서 보니 눈이 날리는 것 같구나. 금강대 맨 꼭대기에 새끼를 친 학이 봄바람에 들려오는 옥피리 소리에 선잠을 깨었던지, 학이 공중에 솟아 뜨니, 서호의 옛 주인 임포를 반기듯 나를 반겨 넘나들며 노는 듯하구나.

시의 창작 배경 및 상황

〈관동별곡〉은 정철이 45세가 되던 해인 1580년(선조 13년)에 강원도 관찰사로 부임하면서 금강산과 관동팔경을 유람하며 경치를 보고 느낀 감탄을 노래한 가사예요. 경치를 감상하며 관리로서 나라를 사랑하는 우국충정, 임금에 대한 그리움, 백성에 대한 애민 정신을 드러내고 있지요. 이 작품은 당시 조선의 고위 관리였던 정철이 한글로 썼다는 점에서 의미가 있어요.

관동팔경은 강원도와 경상북도 동해안 일대의 여덟 명승지를 말해요. 통천의 총석정(현재 북한 지역), 고성의 삼일포(현재 북한 지역),

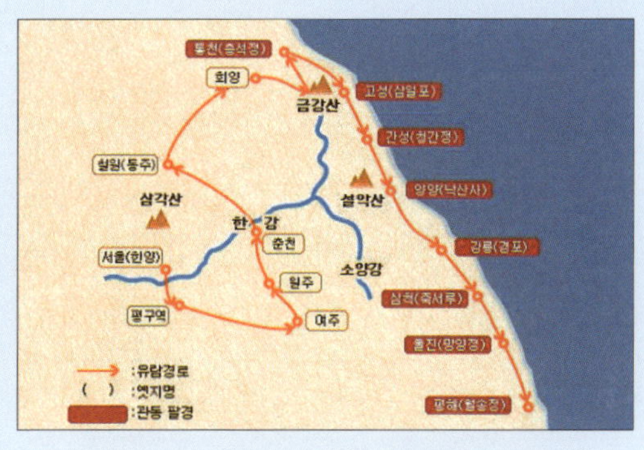

관동팔경, 서울문화투데이(2009.03.04.)

고성의 청간정, 양양의 낙산사, 강릉의 경포대, 삼척의 죽서루, 울진의 망양정과 월송정을 통틀어 '관동팔경'이라고 해요. 이 작품을 읽으며 실제로 관동팔경을 여행한다면 감동이 배가 될 거예요.

정철이 역임한 관찰사는 어떤 벼슬인가?

조선시대 관찰사는 중앙 정부에서 파견한 감찰관이자 감독관으로서 각 도의 행정, 군사, 사법을 총괄하던 최고 책임자였어요. 감사, 도백, 방백 등 여러 이름으로도 불렀어요. 관찰사의 임무는 크게 두 가지였어요. 하나는 각 도의 행정 책임자로서 휘하 지방관들의 근무 성적과 태도 등을 평가하고 보고하는 일이었어요. 그리고 휘하 관리들을 탄핵할 수 있는 권한도 가지고 있었어요. 다른 하나는 도내의 군사와 민사 업무를 지휘·통제하는 일이었지요. 관찰사 임기는 보통 1~2년 정도였다고 해요.

정철과 정여립 모반 사건

정철은 관리로서 조선 최대 정치 미스터리인 '정여립 모반 사건'을 조사하는 일을 맡게 되었어요. 정여립 모반 사건은 임진왜란이 일어나기 3년 전인 1589년(선조 22년) 정여립이 모반을 꾀한다는 고발에서 시작되어 다수의 동인이 처벌된 옥사를 말해요. 기축옥사(己丑獄事)라고

도 불리죠. 이 사건으로 1000명의 선비가 목숨을 잃게 되었어요. 선조가 즉위하며 오랫동안 권력을 잡았던 **훈구 세력***의 힘이 약화되었고, **사림****이 정치 무대에 떠오르게 되었어요. 그런데 사림은 의견 차이로 내부 분열이 일어나 동인과 서인으로 나뉘어 **붕당*****을 형성했어요.

1589년 10월 2일 밤, 선조에게 비밀 **장계******가 올라왔어요. 바로 전주에 사는 정여립이 한강이 얼기를 기다려 군사를 일으켜 한양을 침범한다는 내용이었지요. 선조는 대신들을 급히 불러 대책을 논의하며 의금부 도사를 황해도와 전라도에 파견해 사실을 확인했어요. 정여립은 신분에 관계없이 무술을 연마하는 조직인 '대동계(大同契)'를 이끌고 있었어요. 조선에서 양반이 하층민이나 무사들과 신분에 관계없이 어울린다는 건 굉장히 파격적이었죠. 더군다나 그 모임이 활쏘기 등 무술 연마 모임이었으니 선조가 비밀 장계의 말을 믿을 수밖에 없었던 거예요.

또한 정여립은 율곡 이이와 **우계 성혼*******의 제자여서 서인에 속해 있었는데, 이이가 죽은 후 동인과 친분을 쌓았어요. 서인들의 눈 밖에 날 수밖에 없었던 거죠. 사실 정여립 모반 사건이 정말 있었던 일인지

★ **훈구 세력**: 세조의 집권을 도왔던 공신과 고위 관직자

★★ **사림**: 조선 중기 훈구 세력의 전횡에 맞서며 새롭게 등장한 정치 세력

★★★ **붕당**: 뜻을 같이하는 사람들

★★★★ **장계**: 관찰사, 병사, 수사 등 왕명을 받들고 지방에 있는 관리가 해당 지역의 중요한 일을 국왕에게 보고하거나 요청하는 문서

★★★★★ **우계 성혼**: 조선 중기의 문신이자 학자로, 그의 학맥과 사상이 주목받기 시작하면서 우계학파라고 불림

정치적 음모였는지는 현재 학자들 사이에서도 의견이 분분해요. 당시에도 이 사실을 믿는 사람들과 믿지 못하는 사람들이 있었는데 의금부 도사가 전라도에 이 일을 확인하러 갔을 때 정여립의 반역을 자백한 자들이 있었어요. 일부는 도망을 쳤고요. 정여립도 도망쳤다가 자결했다고 하니 사람들은 이 일이 사실이었다고 믿게 된 것이죠.

정여립의 사망으로 마무리가 되는 것처럼 보였던 이 사건은 다시 촉발되었어요. 선조가 조정 신료들과 초야의 유생들에게 옥사에 대한 의견을 적극적으로 개진하라는 하교를 내렸기 때문이지요.

성균관 유생이 동인을 비판하며 정여립이 평소 동인인 이발, 정언신 등과 친했다는 상소를 올리자 선조는 정철, 성혼 등을 임명하며 옥사를 맡게 했어요. 이때 서인들은 정여립과 친분이 있거나 서신을 나눈 사람들조차 죽이거나 귀양을 보냈지요. 정여립과 가장 친했던 이발은 원래 서인의 수장 이이와 성혼의 추종자였는데 동인으로 돌아섰기에 서인들의 공격 대상이 되었다고 해요. 이 사건으로 이발은 멸문지화를 당했지요.

정여립의 아들은 붙잡혀 모진 문초를 받으면서 모의 주모자로 '길삼봉'이라는 사람을 언급했어요. 하지만 관련자들의 진술이 일치하지 않았고, 길삼봉이라는 사람의 실체도 확인할 수 없었죠. 이때 남명 조식의 수제자로 경상도 지역에서 명망이 높았던 최영경이라는 사람이 길삼봉으로 몰렸고 옥에 갇혀 사망했어요. 이때 우의정이 되어 옥사를 주관한 사람이 정철이었기에 후에 정철은 동인의 최대 적이 되었답니다.

　이 사건으로 많은 동인이 죽임을 당해 전라도에는 동인이 씨가 마를 정도였다고 해요. 정여립 모반 사건, 즉 기축옥사로 동인은 남인과 북인으로 나뉘게 되었답니다.

20

한산섬 달 밝은 밤에

임진왜란

Q. 어둠을 무엇으로 이길 수 있단 말인가?

한산셤 둘 볼근 밤의

- 이순신

한산(閑山)셤 둘 볼근 밤의 수루(戍樓)에 혼자 안자,

큰 칼을 녀픠 추고 기픈 시룸 ᄒᆞᄂᆞᆫ 적의,

어듸셔 일성 호가(一聲胡笳)ᄂᆞᆫ 놈의 애롤 긋ᄂᆞ니.

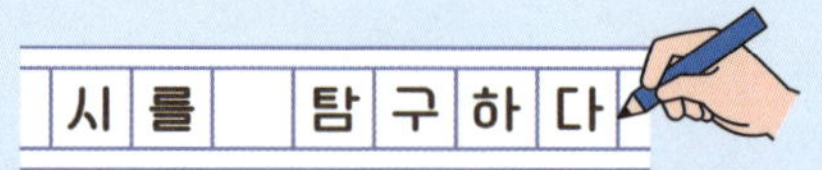

한산셤 둘 불근 밤의

선조 28년(1595년) 임진왜란 중 이순신이 나라의 앞날을 걱정하며 지은 시조

- 이순신(李舜臣, 1545~1598)
임진왜란 때 수군을 지휘하여 나라를 지킨 명장

한산(閑山)셤 둘 불근 밤의 수루(戍樓)에 혼자 안자,

한산섬 달 밝은 밤에 수루에 혼자 앉아,

한산섬 : 남해의 섬, 왜군과 싸워 이긴 곳

수루 : 적의 동정을 살피려고 성 위에 만든 누각

큰 칼을 녀픠 츠고 기픈 시름 ᄒ는 적의,

큰 칼을 옆에 차고 깊은 시름에 잠겨 있을 때

어듸셔 일성 호가(一聲胡笳)는 눔의 애를 긋느니.

어디선가 들려오는 한 가락의 피리 소리가 남의 애를 끊는구나.

애 : 창자

시의 창작 배경 및 상황

〈한산섬 달 밝은 밤에〉는 1595년(선조 28년) 임진왜란의 위기 속에서 이순신이 앞으로 다가올 국난을 걱정하며 읊은 시조예요. 작품의 배경이 한산도인 점으로 보아 이순신이 전라좌도 수군절도사(水軍節度使)가 되어 한산도에서 진을 치고 있을 때 쓴 것으로 보여요. 작품에는 그의 착잡한 마음과 충정이 담겨 있어요.

명장 이순신은 드라마와 영화의 주인공으로 우리에게 친근한 인물이지요. 유네스코 기록유산으로 등재된 《난중일기》를 써서 전쟁의 양상과 생활상을 현장감 있게 전해 주었어요. 그가 자세히 기록한 전투 내용은 해군의 교과서로도 사용된다고 해요. 〈한산섬 달 밝은 밤에〉나 《난중일기》의 수려한 문장과 인간미를 보면 그가 문무에 능통한 사람이었음을 알 수 있어요.

임진왜란에 대하여

임진왜란은 1592년(선조 25년) 일본이 조선을 침략하면서 발발하여 1598년까지 이어졌어요. 우리가 '정유재란'이라고 부르는 것은 1597년 일본의 2차 침략을 가리키지요.

조선 선조 때는 연산군 이후 4대 사화를 겪으며 정치가 혼란스러웠고, 조선 초기에 구축했던 국방체계도 느슨해졌던 시기였어요. 율곡 이이가 십만양병설(十萬養兵說)*을 주장했지만 재정적 어려움과 반발로 이루어지지 못했지요. 당시 일본은 도요토미 히데요시(豊臣秀吉)가 등장해 일본의 전국시대를 통일하고 강력한 군사력으로 대륙 침략을 준비했어요. 조선은 근 200년 동안 평화로운 상태였기에 군사적 대비가 미약했어요.

1592년 4월, 일본군 20만 명이 700여 척의 군함을 이끌고 조총으로 무장한 채 부산 동래성을 침략했어요. 조선군과 백성들은 항전했지

★ **십만양병설:** 임진왜란 발발 10년 전인 1582년경 국가 방위 강화를 위해 10만 명의 상비군을 양성해야 한다고 주장한 이론

만 동래성은 순식간에 함락되었지요. 4월 28일 충주 탄금대에서 신립 장군이 이끌던 조선군이 전멸하면서 더 이상의 방어가 어려워졌어요. 1592년 5월 2일 한양은 함락되었지요. 일본군은 2주 만에 한양을 함락시켰고, 계속해서 무서운 속도로 진격했어요. 전국 곳곳에서 의병이 봉기하며 나라를 지키고자 했지만, 신식 무기로 무장한 일본군을 당해 내긴 어려웠지요.

선조는 한양에 백성을 그대로 둔 채 의주로 피난을 떠났어요. 왕이 떠난 한양은 그야말로 아비규환이었어요. 이때 이순신이 이끌던 수군이 옥포, 사천 해전에서 대승을 거두며 전쟁의 양상을 바꾸어 놓았어요.

이순신이 이끄는 조선 수군은 연전연승을 거두었어요. 1592년 7월 학이 날개를 펼치는 모양으로 적을 에워싸 공격하는 '학익진 진법'으로 일본을 크게 무찌른 한산도 대첩도 있었지요. 한산도 대첩은 임진 왜란 3대 대첩 중 하나로 꼽혀요.

이순신의 활약에 힘입어 육지 상황도 변해 갔어요. 조선과 명나라 연합군이 평양성을 되찾았어요. 1593년 2월에는 권율 장군이 행주대첩에서 크게 승리해 한양도 탈환하게 되었지요. 이후 잠시간 휴전했지만 일본의 침략 야욕으로 곧 정유재란이 발발했어요. 1597년 1월 일본군은 다시 조선을 쳐들어왔어요. 당시 일본군은 정적을 없애기 위해 조선에 전쟁 관련 정보를 건네주었고 조정에서는 이순신에게 출병하라 했지만, 이순신은 불확실한 정보를 믿고 출병하는 것을 꺼리다 마지못해 출정했어요. 이에 조정은 이순신이 명령을 따르지 않았다며 비난하고 원균을 그의 후임으로 임명했어요. 이순신은 중요한 전쟁 상황에서 한양으로 소환되어 가혹한 심문을 받고 파면되기까지 했어요. 이후 이순신은 권율 휘하에서 백의종군(白衣從軍)[*]하게 됩니다.

한산도 대첩, 한겨레(2019.11.24.)

　　이순신 대신 삼도수군통제사[*]가 된 원균은 칠천량 해전에서 크게 패했고, 조정은 이순신을 다시 기용할 수밖에 없었어요. 그때 남은 조선 수군은 병선이 12척이었는데, 이순신은 아직 12척이 남아 있으니 죽기를 각오하고 싸우겠다고 의지를 다졌어요. 이순신이 조류의 흐름을 살펴 작전을 짰고, 결국 명량해전에서 적선 133척 중 31척을 격파하며 대승을 거두었어요. 참패했던 조선 수군은 그의 귀환 이후 왜적을 소탕하며 승승장구했지요. 그러나 1598년 11월 노량해전에서 뱃머리에 나서 적선을 향해 맹공을 퍼붓던 이순신은 탄환에 맞아 죽음을 맞이해요. 병사들은 장군의 죽음을 모른 채 결사항전했고, 결국 승리로 노량을 지켜냈답니다.

★　백의종군: 벼슬 없이 군대를 따라 전장에 감

★★ 삼도수군통제사: 충청도, 전라도, 경상도의 수군을 총지휘하는 조선시대의 종2품 관직

21

누항사

임진왜란 이후 백성의 삶

누항사

- 박인로

〈서사〉

어리고 우활(迂闊)홀산 이 닉 우히 더니 업다.

길흉화복(吉凶禍福)을 하날긔 부쳐 두고,

누항(陋巷) 깁푼 곳의 초막(草幕)을 지어 두고,

풍조우석(風朝雨夕)에 석은 딥히 셥히 되야,

셔 홉 밥 닷 홉 죽(粥)에 연기(煙氣)도 하도 할샤.

설 데인 숙냉(熟冷)애 뷘 배 쇡일 쑨이로다.

생애 이러ᄒ다 장부(丈夫) 쯧을 옴길넌가.

안빈일념(安貧一念)을 적을망정 품고 이셔,

수의(隨宜)로 살려 ᄒ니 날로 조차 저어(齟齬)ᄒ다.

(중략)

〈본사 3〉

한기태심(旱旣太甚)ᄒᆞ야 시절(時節)이 다 느즌 졔

서주(西疇) 놉흔 논애 잠깐 긴 녈비예

도상(道上) 무원수(無源水)를 반만깐 듸혀 두고

쇼 ᄒᆞᆫ 젹 듀마 ᄒᆞ고 엄섬이 ᄒᆞᄂᆞᆫ 말삼

친졀호라 너긴 집의 둘 업슨 황혼의 허위허위 다라셔,

구디 다돈 문(門) 밧긔 어득히 혼자 서셔

큰 기춤 아함이를 양구(良久)토록 ᄒᆞ온 후에

어화 긔 뉘신고 염치업산 ᄒᆞ옵노라.

(후략)

누항사(陋巷詞)

좁을 누(陋), **거리, 마을 항**(巷), **말, 글 사**(詞)
누추한 거리(마을)**의 이야기**

- **박인로**(朴仁老, 1561~1642)
조선의 무관,
임진왜란 때 의병으로 참전, 정유재란 때 수군으로 종군

〈서사〉

어리석고 세상 물정에 어둡기는 나보다 더한 사람 없다.

길흉화복을 하늘에게 맡겨 두고,

누추한 거리 깊은 곳에 초가집을 지어 두고,

바람 부는 아침과 비 오는 저녁에 썩은 짚이 땔감 되어,

세 홉 밥 다섯 홉 죽을 만드는데 연기가 많기도 많구나.

덜 데운 숭늉으로 빈 배를 속일 뿐이로다.

생활이 이렇다고 대장부의 뜻을 바꿀 것인가.

가난하지만 편안히 살겠다는 생각을 적을망정 품고 있어서,

옳은 일을 좇으며 살려 하니 날이 갈수록 뜻대로 되지 않는다.

(중략)

〈본사 3〉

가뭄이 몹시 심하여 농사철이 다 늦은 때

서쪽 둑 높은 논에 잠깐 갠 지나가는 비에

길 위 흐르는 물을 반만 대어 두고

소 한 번 (빌려)주마 하고 엉성하게 하는 말씀

친절하구나 여긴(생각한) 집에 달 없는 황혼(저녁)에 허둥지둥 달려 가서,

굳게 닫은 문밖에 우두커니 혼자 서서

큰기침 '에헴'을 오래도록 한 후에

"어, 거기 누구신가?"

"염치없는 저올시다."

(후략)

시의 창작 배경 및 상황

〈누항사〉는 임진왜란 이후 백성의 삶을 보여 주는 작품이에요. 박인로는 임진왜란이 일어나 경남 지방이 함락되자 의병 활동에 가담했어요. 왜란 이후에는 황폐해진 농촌에서 농사를 지으며 소박하게 살았어요. 왜란 후 사대부의 경제적 지위가 보장되지 않아 박인로도 농사를 지어야 했어요. 작품에는 이웃에게 소를 빌리러 갔지만 빌려주지 않는 야박한 인심도 담겨 있지요.

〈누항사〉는 1611년(광해군 3년) 작가가 51세 되던 해 지은 가사예요. 당시 박인로는 '오성과 한음' 이야기로 유명한 이덕형과 교유하고 있었어요. 이덕형이 생활의 어려움을 묻자 이에 대한 답으로 이 작품을 지었답니다.

임진왜란 때 백성의 삶

시에서 알 수 있듯 사대부의 삶도 힘들었는데 당시 서민들의 삶은 어땠을까요?

남자들은 관군으로 동원되거나 의병에 가담해 전쟁에서 죽거나 실종되면서 노동력이 급감했어요. 남은 사람은 어린이와 노인, 여자들뿐이었으니 일할 사람이 절대적으로 부족했던 거죠. 왜란 전에는 170만 결*이었던 전국의 경지 면적이 왜란 후 54만 결로 3분의 2가 감소했다는 것을 보면 노동력이 감소하고 식량 생산량 또한 줄었음을 알 수 있어요.

유성룡의 《징비록》 권2, 계사 4월에는 이렇게 기록되어 있어요.

성안에 남아 있던 백성들을 보니, 백 사람 중에 한 사람 생존해 있을까

★ **결**: 농토의 넓이를 나타내기 위한 단위였는데 농가 한 가구에 나누어 줄 정도의 면적을 나타냄. 따라서 1결의 면적은 정확하지 않음. 토지 1결은 곡식 300두를 생산할 수 있는 면적. 약 1117~1453평(우리역사넷 참고)

말까 하고, 생존해 있는 사람들도 모두 굶주리고 피폐하여 얼굴빛이
귀신이나 다름없었다.

《선조실록》 권42, 선조 26년 계축년 9월에는 이렇게 기록되어 있어요.

굶주리는 사람들을 두루 구제할 수 없어 하루에 죽어가는 사람이 몇
명이나 되는지 알 수 없을 정도이고, (중략) 살아 있는 자라 해도 모두
모습이 도깨비다.

백성의 삶이 얼마나 곤궁하고 피폐했는지를 알 수 있는 대목이에요.
일본에 포로로 잡혀 갔던 강항(姜沆)이 쓴 《간양록》에는 대마도에서 많
은 사람이 조선 옷을 입고 언어를 사용한다고 기록되어 있어요. 왜란
후 조선인이 일본, 포르투갈, 네덜란드 등에 노예로 팔려 나갔다는 기
록도 있고요. 구사일생으로 살아 돌아온 포로들은 의심과 경계의 눈초
리, 냉대와 억압으로 또 다른 고통을 겪었어요. 조선에 남아 있던 사람
들은 굶어 죽고, 일부는 포로로 끌려갔으며 생환한 사람들은 홀대를
받았다니, 조선에서 백성으로 사는 게 얼마나 힘들었을지 그려집니다.
  반면 왜란 이후 조선 백성에게는 '우리 민족'이라는 민족공동체 의
식이 형성되기 시작했다는 견해도 있어요. 조선사회 구성원들의 결속
이 이전보다 높아졌다는 것이지요.

22

가노라 삼각산아

인조반정

Q. 조선의 암흑기에서 살아남을 방법은 무엇인가?

가노라 삼각산아

- 김상헌

가노라 삼각산(三角山)아, 다시 보자 한강수(漢江水)야.

고국산천(故國山川)을 떠나고자 하랴마는

시절(時節)이 하 수상(殊常)하니 올 동 말 동ᄒ여라.

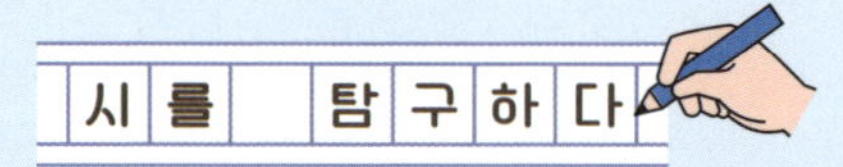

가노라 삼각산아

병자호란 때 척화파였던 김상헌이 청나라로 끌려가면서 지은 평시조

- **김상헌**(金尙憲, 1570~1652)
광해군~인조 시기의 정치인

가노라 삼각산(三角山)아, 다시 보자 한강수(漢江水)야.
나는 이제 떠나간다. 삼각산(북한산)아, 돌아와서 보자 한강수야.

고국산천(故國山川)을 떠나고자 하랴마는
고국의 산천을 떠나기는 하겠다만

시절(時節)이 하 수상(殊常)하니 올 동 말 동ᄒ여라.
시절이 매우 뒤숭숭하고 혼란스러우니 다시 돌아올 수 있을지 모르겠구나.

시의 창작 배경 및 상황

〈가노라 삼각산아〉는 1636년(인조 14년) 병자호란 때 끝까지 항전을 주장하던 예조 판서 김상헌이 청나라로 끌려가며 부른 시조예요. 김상헌은 타협을 거부하는 강경파였어요. 청은 항복 조건으로 척화★를 주장하던 신하 세 명을 보낼 것을 요청했고, 김상헌은 70이 넘은 나이에 청으로 압송되었어요. 이후 6년의

★ **척화:** 화친하자는 논의를 배척함

옥고를 치르고 1645년 소현세자와 함께 귀국했답니다. 당시 76세였다는 점으로 볼 때 대단한 체력과 정신력을 지닌 분이었던 것 같아요.

《효종실록》 권8, 효종 3년 6월 25일 김상헌의 졸기*에서는 그를 이렇게 평가하고 있어요.

사신은 논한다. 옛사람이 "문천상**이 송나라 삼백 년의 정기를 거두었다"라고 하였는데, 세상의 논자들은 "문천상 뒤에 동방에 오직 김상헌 한 사람이 남았을 뿐이다" 하였다.

그의 기개와 충정이 얼마나 높았는지 알 수 있는 대목이지요.

★ **졸기**: 공직자의 사후 기록

★★ **문천상**: 중국 남송의 정치가, 문학가. 원나라에 저항하여 죽음을 택함

인조반정

《인조실록》권1, 1년 3월 13일(계묘)에는 인조반정에 대해 이렇게 설명하고 있어요.

임금께서 의병을 일으켜 왕대비(王大妃)를 받들어 복위시킨 다음 대비의 명으로 경운궁(慶運宮)에서 즉위하였다. 광해군을 폐위시켜 강화도로 내쫓고 이이첨(李爾瞻) 등을 처형한 다음 전국에 대사령을 내렸다. (중략) 선조의 예전 신하로서 이의를 제기하는 자는 모두 추방하여 당시 어진 선비들은 죄에 연루되지 않으려고 초야로 숨어 버렸고 사람들은 모두 불안해했다. 또 토목 공사를 크게 일으켜 해마다 쉴 새가 없었고, 간신배가 조정에 가득 차고 후궁이 정사를 어지럽혀 크고 작은 벼슬아치의 임명이 모두 뇌물로 거래되었으며, 법을 무시하고 가혹하게 거둬들여 백성들이 물과 불 속에 든 것 같았다.

역사는 승자의 기록이기에 광해군은 폐위되어야 마땅한 왕으로 그

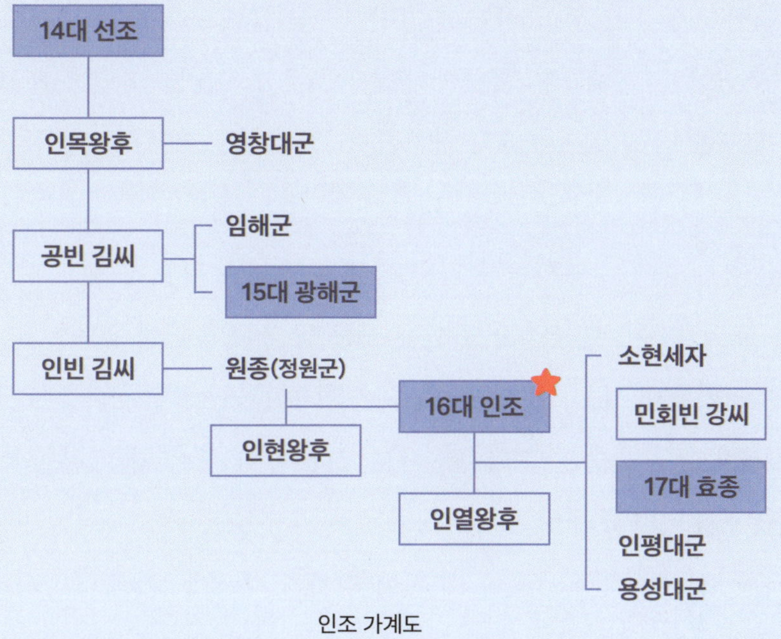

인조 가계도

려져 있어요.

　광해군은 즉위 후 자신에게 위해가 될 친형 임해군(臨海君)과 선조의 유일한 적통*인 영창대군(永昌大君)을 경계했어요. 광해군은 법을 어겼다는 죄목으로 임해군을 귀양 보낸 후 살해하고, ‘칠서의 옥**’을 계기로 영창대군의 외할아버지를 죽였어요. 영창대군은 강화도로 유배를 보낸 후 살해했어요. 1617년 영창대군의 어머니 인목대비 폐모론***도 대두되었는데 이항복 등이 반대하자 그들도 멀리 귀양 보낸답니다. 이 모든 일의 배후에 있던 이이첨은 궁에 들어가 대비를 시해하려 하죠.

★　**적통:** 정실부인이 낳은 아들

★★　**칠서의 옥:** 서양갑, 박응서 등 서자 출신 7명이 사림을 탄압한 사건

★★★　**폐모론:** 인목대비를 폐하기 위해 한 논쟁

이러한 일들은 그동안 억눌려 지내던 서인들에게 투쟁의 구실을 만들어 주었어요. 광해군은 폐모살제(廢母殺弟), 즉 어머니의 존호를 박탈하고 동생을 살해하는 일까지 저질렀으니까요.

1623년 3월 13일 밤 이귀, 김자점, 이괄 등 서인들은 창덕궁으로 향하는데 궁중에서 연회를 즐기던 광해군은 이를 뒤늦게 알고 피신했어요. 당시 능양군이었던 인조는 국새를 들고 경운궁에 유폐* 중이었던 인목대비에게 갔고, 인목대비는 자신의 아들과 아버지를 죽인 광해군을 폐하고 능양군을 즉위시켰어요. 하룻밤에 끝난 왕위 찬탈 작전이 바로 인조반정인 것이죠.

인조의 아버지는 선조와 후궁 인빈 김씨 사이의 아들인 원종(정원군)이에요. 선조의 아들 광해군은 인조에게 백부(아버지의 형)인 셈이죠. 당시 광해군의 아들도 장성했기에 인조가 왕이 될 가능성은 거의 없었지만 인조는 반정을 통해 왕이 되었고, 이후 순종까지 조선의 왕은 모두 인조의 직계 후손이 되었답니다.

'반정'이란 잘못을 바로잡아 정상을 회복한다는 뜻인데, 그 점에서 인조반정은 의문이 있어요. 광해군은 왕위에서 쫓겨날 정도로 정치를 잘못했다고 보기 어렵거든요. 물론 인조반정을 일으킨 서인 세력은 영창대군 등 친족을 처형하는 패륜이 성리학의 윤리에 위배되었고, 또 명나라에 대한 의리를 지키지 않았다는 점을 반정의 명분으로 내세웠지요. 그러나 역대 임금들도 즉위 후 반대 세력을 숙청하는 사례가 적

★ **유폐:** 깊숙이 가두어 둠

지 않았고, 광해군의 외교 정책은 실리를 위한 중립 외교였다는 점을 고려하면 서인들의 주장은 반정의 명분으로 충분하지 않아요. 그래서 인조반정은 정치 운영에서 소외되었던 서인 세력들이 다시 권력을 잡으려고 일으킨 정변이라고 볼 수 있어요.

청강에 비 듯는 소릭

병자호란과 삼전도의 굴욕

Q. 봄바람은 나를 어디로 데려갈까?

청강에 비 듯는 소릭

- 봉림대군

청강(淸江)에 비 듯는 소릭 긔 무엇이 우읍관듸

만산홍록(滿山紅綠)이 휘드르며 웃는고야

두어라, 춘풍(春風)이 몇 날이리 우을 듸로 우어라

청강에 비 듣는 소리

병자호란 때 청에 볼모로 잡혀가며 지은 것으로 추측됨

- 봉림대군(孝宗, 1619~1659)

조선 17대왕 효종

청강(淸江)에 비 듯는 소뤼 긔 무엇이 우읍관듸

맑은 강에 떨어지는 빗소리가 그 무엇이 우습기에

만산홍록(滿山紅綠)이 휘드르며 웃는고야

산에 가득한 꽃과 풀들이 몸을 흔들면서 웃는구나.

두어라, 춘풍(春風)이 몇 날이리 우을 듸로 우어라

두어라 봄바람이 이제 얼마 남지 않았으리 웃고 싶은 대로 웃어라.

시의 창작 배경 및 상황

〈청강에 비 듯는 소뤼〉는 인조의 둘째 아들 봉림대군이 병자호란 때 청에 볼모로 잡혀가면서 쓴 시로 추정돼요. 청은 소현세자를 인질로 잡아갔고, 소현세자에게 무슨 일이 생길 것을 대비해 봉림대군까지 잡아갔어요. 송시열과 윤선도를 스승으로 모시며 어릴 때부터 씩씩하고 호탕했던 봉림대군은 큰 충격을 받았어요. 항복 과정에서 겪었던 좌절감과 인질로 끌려가며 느꼈던 두려움과 고통을 시로 남긴 것이죠.

　　이후 두 왕자는 청이 명나라를 완전히 정복하자 조선으로 돌아올 수 있었어요. 그런데 소현세자가 귀국 후 갑자기 사망했어요. 신하들은 소현세자의 아들을 세자로 책봉할 것을 요청했으나, 인조는 뜻을 굽히지 않고 봉림대군을 왕세자로 책봉했어요. 봉림대군은 1649년 5월 창덕궁에서 즉위하여 조선 제17대 왕 효종이 되었답니다.

삼전도의 굴욕

1636년 조선은 청나라가 황제국에 맞는 대접을 요구하자 청과 외교적 갈등을 겪어야 했어요. 조선이 이에 **주전론***으로 대응하자 12월에 청은 병자호란을 일으켜 10일 만에 한성까지 쳐들어왔지요. 조선 조정은 황급히 강화도로 피난을 떠났지만, 청이 강화도로 가는 길목을 막아 남한산성에 고립되고 말았어요. 청이 이 전쟁에 얼마나 진심이었는지 알 수 있는 부분은 총 지휘관이 청나라 황제 홍타이지였다는 점이에요.

청 황제는 전쟁을 지휘하며 남한산성으로 가는 모든 식량과 물자를 차단했어요. 더 이상 버틸 수 없는 지경에 이르자 조선은 어쩔 수 없이 청에 항복했지요. 청은 조선 왕에게 '삼궤구고두례(三跪九叩頭禮)'를 명령했어요. 삼궤구고두례란 신하 나라가 큰 나라를 만났을 때 세 번 절을 하고 아홉 번 머리를 조아리는 예법이에요. 개인이 개인에게 사죄

★ **주전론**: 주화론의 반대로 적국과 전쟁을 치르자는 주장

하며 무릎 꿇는 것도 자존심이 상하는 일인데, 한 나라 임금이 다른 나라 황제에게 무릎을 꿇고 아홉 번 머리를 조아리는 것은 정말 굴욕적인 일이었을 거예요. 하지만 달리 도리가 없던 인조는 삼전도*에서 청 황제에게 머리를 조아릴 수밖에 없었어요. 이것을 '삼전도의 굴욕'이라고 한답니다. 《인조실록》 34권, 인조 15년 1월 30일 자에 이렇게 기록되어 있어요.

용골대(龍骨大)와 마부대(馬夫大)가 성 밖에 와서 상(임금)의 출성(出城)을 재촉하였다. 상이 남염의(藍染衣) 차림으로 백마를 타고 의장(儀仗)은 모두 제거한 채 시종(侍從) 50여 명을 거느리고 서문(西門)을 통해 성을 나갔는데, 왕세자가 따랐다. 백관으로 뒤처진 자는 서문 안에 서서 가슴을 치고 뛰면서 통곡하였다.

인조가 임금의 옷 곤룡포가 아닌 초라한 남색 옷을 입고 왕에 대한 의전이나 의장도 없이 삼전도로 나갔다는 기록이에요. 조선 임금을 청의 신하나 죄인으로 여긴 처사라고 볼 수 있어요. 병자호란 이전

서울 삼전도비, 국가유산청 국가유산포털

★ **삼전도**: 현재 송파구 일대

조선은 청을 오랑캐로 여기고 무시했는데 그런 자들 앞에서 조선 임금이 이마가 찢어지도록 머리를 조아리며 무릎을 꿇었다니 조선인의 충격은 이루 말할 수 없었을 거예요. 그래서 당시에는 이 일을 '정축하성(丁丑下城)'이라 불렀어요. 인조가 정축년(1637년) 정월에 남한산성에서 내려와 항복했다는 뜻이에요.

포로가 된 백성들

임금이 이 지경에 이르렀는데 조선 백성들은 얼마나 고통을 당했을까요?

청군은 전쟁 과정에서 조선인을 죽이고 재산을 빼앗았을 뿐만 아니라 수많은 사람을 포로로 잡았어요. 특히 남한산성 주변과 강화도, 경기 지역에서 많은 조선 백성이 포로가 되었어요. 청은 포로로 잡힌 사람들을 노예 시장에 팔아넘겼어요. 포로로 잡혀간 사람들을 데려오려면 몸값을 지불해야 했는데, 포로의 가족들이 그렇게 큰 비용을 마련하기는 어려웠기에 대부분이 집으로 돌아오지 못했지요.

그런데 이토록 슬픈 사건은 사람들의 마음까지 병들게 했어요. 예를 들어, 청에 끌려갔다가 돌아온 여인을 환향녀(還鄕女)라고 했어요. 환은 '돌아오다', 향은 '고향'의 의미여서 고향으로 돌아온 여인을 뜻했으나, 나중에 '화냥년'이라 하여 행실이 나쁜 여자를 욕할 때 쓰는 말로 변질되었지요. 임금과 정부의 무능으로 타국에서 갖은 고생을 하고 돌아온 여자들에게 오히려 그 허물을 뒤집어씌웠다는 것은 정말 안타까운 일이에요.

소현세자 이야기

인조의 맏아들 소현세자는 어떻게 되었을까요? 소현세자는 조선과 청 사이의 교섭 창구 역할을 했는데, 양쪽 모두에게 스파이처럼 여겨지며 위협을 받았어요. 하지만 소현세자는 외교 역량을 발휘해 포로를 조선으로 송환하려고 농사를 지어 재산을 일구며 한 명이라도 더 구해 내려 했지만 인조조차 아들 소현세자를 경계했답니다. 소현세자의 장인이 사망했을 때는 며느리 강빈이 친정아버지의 죽음을 슬퍼하며 곡하는 것조차 막았어요. 소현세자가 1645년(인조 23년) 조선에 귀국했을 때도 반가워하지 않았고 신하들이 세자를 맞이하는 것조차 막았다고 해요. 인조가 오랜 전쟁으로 마음에 병이 든 건지, 삼전도의 굴욕으로 정신적 충격이 컸던 건지 알 수 없어요. 아마도 똑똑한 아들이 왕좌를 노릴까 봐 경계한 것이 아닌가 하는 생각도 들어요.

소현세자는 귀국한 지 얼마 되지 않아 병에 시달리다 34살 젊은 나이에 사망했어요. 그의 시신은 약물에 중독된 사람처럼 보였고, 독살설도 제기되었지요.

임금이 정치를 잘해야 백성이 행복하고 나라가 평안해요. 병자호란으로 우리가 잃은 것은 삼전도의 굴욕이 아니라 인간성과 인간에 대한 예의, 그리고 억울한 죽음으로 사라진 소중한 생명들이 아니었을까요?

24

어부사시사
두 얼굴의 '광해군'

Q. 나는 지금 무엇을 해야 하는가?

어부사시사

- 윤선도

〈춘사(春詞) 10〉

릭일(來日)이 또 업스랴 봄밤이 몇 덜 새리

빅 브텨라 빅 브텨라

낫대로 막대 삼고 싀비(柴扉)롤 초자 보자

지국총(至匊悤) 지국총(至匊悤) 어ᄉ와(於思臥)

어부생애(漁父生涯)ᄂ 이렁구러 디낼로다

〈하사(夏詞) 3〉

마람닙희 ᄇ람 나니 봉창(篷窓)이 서늘코야

돋 드라라 돋 드라라

녀름 부람 뎡홀소냐 가는 대로 비 시겨라

지국총(至匊悤) 지국총(至匊悤) 어ᄉ와(於思臥)

북포(北浦) 남강(南江)이 어듸 아니 됴흘리니

〈추사(秋詞) 1〉

믈외(物外)예 조흔 일이 어부(漁夫) 싱애(生涯) 아니러냐

비 떠라 비 떠라

어옹(漁翁)을 욷디 마라 그림마다 그렷더라

지국총(至匊悤) 지국총(至匊悤) 어ᄉ와(於思臥)

ᄉ시(四時) 흥(興)이 ᄒ가지나 츄강(秋江)이 읃듬이라

〈동사(冬詞) 10〉

어와 져므러간다 연식(宴息)이 맏당토다

비 브텨라 비 브텨라

ᄀ는 눈 쁘린 길 블근 곳 훗더딘 듸 흥치며 거러가셔

지국총(至匊悤) 지국총(至匊悤) 어ᄉ와(於思臥)

셜월(雪月)이 셔봉(西峰)의 넘도록 쇼창(松窓)을 비겨 잇쟈

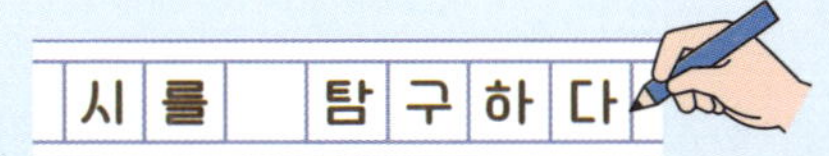

어부사시사(漁父四時詞)

**어촌에서 물고기를 잡으며 사는 한가한 생활의 흥을
봄, 여름, 가을, 겨울 각 10수씩 40수로 읊음**

- 윤선도(尹善道, 1587~1671)

조선 중, 후기의 정치인.
정철, 박인로, 송순과 함께 조선 시조 시가의 대표 인물

〈춘사(春詞) 10〉

내일이 또 없으랴. 봄밤이 얼마나 더 되랴.

배 대어라. 배 대어라.

낚싯대로 지팡이를 삼고 사립문을 찾아보자.

지국총 지국총 어사와

어부의 생애는 이럭저럭 지내노라.

〈하사(夏詞) 3〉

마른 잎에 바람이 부니 봉창(배의 창문)이 서늘하구나.

돛 달아라. 돛 달아라.

여름 바람이 일정하게 불겠느냐. 가는 대로 배 두어라.

지국총 지국총 어사와

북쪽 포구와 남쪽 강 어디든 아니 좋겠느냐

〈추사(秋詞) 1〉

세속을 떠난 곳에서 좋은 일이 어부의 생활이 아니더냐.

배 띄워라. 배 띄워라.

고기 잡는 늙은이를 비웃지 마라. 그림마다 그렸더라.

지국총 지국총 어사와

사계절 흥이 다 좋지만 그중에 가을 강이 제일이라.

〈동사(冬詞) 10〉

아아! 저물어 간다. 쉬는 것이 마땅하다.

배 붙여라. 배 붙여라.

가는 눈 뿌려진 길에 흥에 겨워 돌아와서

지국총 지국총 어사와

서쪽 봉우리에 달 넘어가도록 소나무 창에 기대어 있노라.

시의 창작 배경 및 상황

〈어부사시사〉는 봄, 여름, 가을, 겨울 네 계절을 각 10수씩 40수로 노래한 연시조예요. 연시조는 두 개 이상의 평시조가 하나의 제목으로 엮어져 있는 시조를 말해요. 1651년(효종 2년) 65세 노인 윤선도가 보길도를 배경으로 자연에서 지내는 소탈한 삶을 읊은 것이죠. 1636년(인조 14년) 인조가 삼전도에서 청나라 태종에게 항복하자, 항복을 반대하던 윤선도는 벼슬을 버리고 은거를 결심했어요. 그해 제주도로 가다가 보길도의 자연에 감동하여 해남 연동의 본가에서 멀리 떨어지지 않은 이 섬에 거처할 집과 정원을 만들어 별서(별장)를 꾸미기 시작했어요. 윤선도는 1637년부터 85세로 세상을 떠날 때까지 일곱 차례나 보길도를 찾아 13년 동안 머물렀다고 해요. 이곳에서 〈어부사시사〉 40수와 32편의 한시를 남겼어요.

윤선도 알아보기

윤선도는 1587년(선조 20년)에 태어났어요. 어릴 때부터 총명하여 학문을 좋아했어요. 26세에 진사시*에 합격했는데 광해군의 측근이었던 이이첨을 비판하는 상소를 올렸다가 귀양을 가게 되었어요. 임금에게도 할 말은 하는 강직한 성품을 보여 주는 일화지요.

인조반정으로 광해군이 폐위된 후 윤선도도 13년 만에 귀양살이에서 벗어날 수 있었어요. 이후 과거에 장원 급제하고 왕자들의 엄격한 선생님이 되었어요. 인조와 왕자들은 그를 존경하여 임기가 지났음에도 계속 가르침을 받기를 원했고, 5년 동안 왕자들을 가르쳤다고 해요.

1636년 병자호란이 일어나자 윤선도는 젊은이들을 모아 항전하고자 했으나, 왕이 항복했다는 소식을 듣고 이를 부끄러워하며 보길도로 들어갔어요. 보길도의 아름다운 경치에 취해 시와 글을 지으며 한가한 생활을 즐겼지요. 1651년(효종 2년)에 보길도를 배경으로 〈어부사시사〉

★ **진사시**: 조선시대 과거제에서 문장력과 유학적 교양을 평가해 문과 진출 자격을 주던 시험

를 지었답니다.

《조선왕조실록》 광해 8년 12월 21일 정사 두 번째 기사를 보면 그의 어진 성품을 알 수 있어요.

성상께서는 깊은 궁궐에서 지내기 때문에 그가 이토록 권세를 마음대로 휘두르고 있다는 것을 모르고 계십니까? 아니면 그가 마음대로 권세를 휘두르고 있다는 사실을 알면서도 그를 어질다고 여겨서 맡겨 의심을 하지 않고 계시는 것입니까? 만약 어질다고 여겨서 의심을 하지 않으신다면, 신이 비록 어리석으나 분변을 해 드리겠습니다.
신이 들으니, 임금은 어진이가 없으면 정치를 할 수가 없다고 하였습니다. 비록 훌륭한 임금이 있더라도 임용된 신하가 불초한 사람이면 정치를 제대로 할 수가 없습니다.

임해군과 영창대군을 죽이고 인목대비를 폐모로 만든 이이첨을 규탄하는 상소를 올린 것이죠. 불의에 맞서는 윤선도의 당당한 기개와 강직한 성품을 엿볼 수 있는 부분이에요. 대쪽 같은 선비 정신으로 인조의 신임을 얻은 윤선도는 세자시강원문학(世子侍講院文學)에 등용되어 봉림대군, 인평대군 형제를 가르치는 대군사부*가 되었지요.

★ **대군사부**: 왕자를 가르치는 종9품 벼슬

광해군은 정말 폭군이었을까?

그렇다면 윤선도를 파직하고 유배 보냈던 광해군은 정말 나쁜 사람이었을까요?

광해군은 조선의 제15대 왕이었지만 인조반정으로 폐위된 비운의 왕이에요. 희대의 폭군이라 평가받는 연산군과 함께 '조(祖)'나 '종(宗)'으로 끝나는 묘호조차 받지 못한 왕이었답니다. 심지어 《조선왕조실록》에도 '실록'이 아닌 '일기' 형식으로 기록이 실린 쫓겨난 왕이었죠. 그렇다면 광해군도 연산군처럼 폭군이었을까요?

1592년 4월 13일, 광해군이 18세가 되던 해에 임진왜란이 일어났어요. 일본은 파죽지세로 북상했고 선조는 피난을 준비했죠. 유례없는 전란의 급박함 속에서 광해군은 왕세자가 되었고, 피난길에서도 평안도, 함경도, 강원도 등을 다니며 민심을 수습하고 의병을 모집하는 일을 했어요. 당시 명나라는 일본과 화친할 것을 압박하면서 강화협상을 맺길 권했고, 이에 선조가 반발하자 명은 선조가 아닌 아들 광해군에게 군사 관계 업무를 주관하게 했어요. 선조에게는 왕위를 교체할 것을 압박했죠. 그런데 명은 전쟁이 끝날 무렵 입장을 바꿔 광해군이 장자가 아니라는 이유로 왕세자로 승인해 달라는 조선의 요구를 거부했어요. 광해군은 이런 어려운 상황에서 왕위에 올랐어요. 전쟁으로 피폐해진 국토를 살리고 국방 강화에 힘쓰는 건 그의 몫이었죠. 유명한 허준의 《동의보감》도 광해군이 전란 중 질병과 부상으로 인명 피해가 컸던 경험을 살려 허준에게 편찬하게 한 거예요.

또, 광해군은 실리 외교를 목표로 당시 쇠퇴하던 명나라와 강성한 여진족 사이에서 어느 쪽으로도 치우치지 않고 외교적 중립을 유지했어요. 여진족은 임진왜란 이후 힘이 약해진 명을 위협하며 후금을 세웠어요. 명은 여진족을 방어하려고 조선에 출병을 요구했지만, 새로운 강국 후금을 적으로 만들 수는 없었죠. 광해군은 명과의 의리를 생각해 출병은 하되 슬기롭게 대처하도록 지시했어요.

　임진왜란 때 많은 공을 세우고 나라의 안위를 위해 중립 외교를 펼친 광해군의 업적은 정당하게 평가받아야 마땅해요. 하지만 형제를 죽이고 어머니를 폐비시킨 폐모살제와 임진왜란 때 불타버린 궁궐 재건에 대한 지나친 집착은 비판받아야겠지요. 전쟁 이후 피폐해진 나라에서 대규모 토목공사를 했다니 백성의 원성도 컸겠지요. 심지어 궁궐을 짓기 위해 관직을 사고파는 공명첩을 발행하고 면죄부도 사고팔았다고 하니 광해군을 고운 시선으로만 볼 수는 없어요. 나라를 위해 많은 공을 세웠지만 1623년 3월 12일, 광해군은 결국 36가지 죄목으로 폐위되고 말았답니다. 광해군에 대한 역사적 평가는 시대에 따라 달라지는데, 현재는 무엇보다 그의 중립 외교 정책에 대해서는 높이 평가하고 있어요.

25

일동장유가

조선통신사, 영조

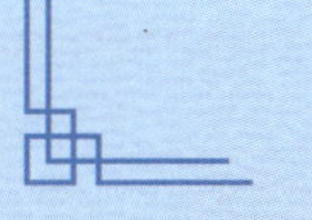

Q. 조선이 가야 할 길은 어디인가?

일동장유가

- 김인겸

(전략)

댱풍(壯風)에 돗츨 두라 뉵선(六船)이 홈끽 써나,

삼현(三絃)과 군악 소릐 산히(山海)롤 진동ᄒ니,

믈 속의 어룡(魚龍)들이 응당이 놀라도다.

히구(海口)를 얼픗 나셔 오뉵도(五六島) 뒤지우고,

고국(故國)을 도라보니, 야식(夜色)이 창망(滄茫)ᄒ야

아모것도 아니 뵈고, 연히 변진(沿海邊鎭) 각진포(各鎭浦)의

불빗 두어 덤이 구롬 밧긔 뵐 만ᄒ니.

비방의 누어 이셔 내 신셰롤 싱각ᄒ니,

곳독이 심란ᄒᆞ디 대풍(大風)이 니러나니,

태산(泰山) ᄀᆞᄐᆞᆫ 셩낸 물결 텬디의 ᄌᆞ옥ᄒᆞ니,

큰나큰 만곡쥐(萬斛舟)ㅣ 나모닙 브치이닷,

하ᄂᆞᆯ의 올라다가 디함(地陷)에 ᄂᆞ려지니,

열두 발 빵돗대ᄂᆞᆫ 지이텨로 구버 잇고,

쉰두 복 초셕(草席) 돗ᄎᆞᆫ 반돌쳐로 비블럿니.

굵은 우레 즌 별악은 등 아래셔 딘동ᄒᆞ고,

셩낸 고래 동ᄒᆞᆫ 뇽(龍)은 믈 속의셔 희롱ᄒᆞ니,

방 속의 요강 타구(唾具) 쟛바지고 업더지고,

샹하 좌우 비방 널은 닙닙히 우는구나.

이윽고 ᄒᆞᆫ 돗거눌 장관(壯觀)을 ᄒᆞ여 보ᄉᆡ,

니러나 비문 열고 문셜쥬 잡고 셔셔,

ᄉᆞ면(四面)을 브라보니 어와 장홀시고,

인싱 텬디간의 이런 구경 ᄯᅩ 어ᄃᆡ 이실고.

구만(九萬)니 우듀 속의 큰 믈결분이로ᄉᆡ.

등 뒤흐로 도라보니 동ᄂᆡ(東萊) 뫼이 눈썹 ᄀᆞᆺ고,

동남을 도라보니 바다히 ᄀᆞ이 업ᄂᆡ.

우아릐 프른 빗치 하ᄂᆞᆯ 밧긔 다하 잇다.

슬프다 우리 길이 어ᄃᆡ로 가는쟉고.

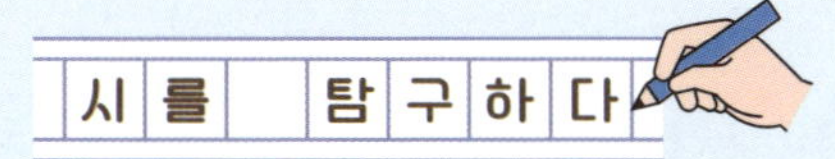

일동장유가(日東壯遊歌)

1764년 조선통신사로 일본에서 보고, 듣고, 느낀 것을 담은 장편 기행가사

- 김인겸(金仁謙, 1707~1772)
조선 후기의 문인

거센 바람에 돛을 달고 여섯 척의 배가 함께 떠나는데, 각종 악기와 군악대 소리가 온 세상에 진동하니 물속의 고기들이 마땅히 놀라리라. 부산항을 얼른 떠나 오륙도를 뒤로 하고, 고국을 돌아보니 밤빛이 넓고 멀어 아득하여 아무것도 아니 보이고, 바닷가 변방 각 포구의 불빛 두어 점이 구름 밖에서 보일 듯 말 듯하다.

선실에 누워 내 신세를 생각하니 가뜩이나 심란한데 큰바람이 일어나 태산 같은 성난 물결 천지에 자욱하니, 크나큰 만곡주(배)가 나뭇잎 나부끼듯 하늘에 올랐다가 땅 밑으로 떨어지니, 열두 발 쌍돛대는 나뭇가지처럼 굽어 있고, 쉰두 폭 짚으로 만든 돛은 반달처럼 배불렀네. 굵은 우레 작은 벼락은 등 아래서 진동하고, 성난 고래와 용이 물속에서 마구 뛰노는 것 같네. 방 안의 요강 타구(가래침을 받는 그릇)가 자빠지고 엎어지고 상하좌우에 있는 선실의 널빤지는 하나하나 삐걱대는구나.

이윽고 해가 돋아 장관을 구경하여 보자. 일어나 배 문을 열고 문양쪽 기둥을 잡고 서서 사면을 돌아보니, 아아! 굉장하구나. 인생 천지간에 이런 구경 또 있을까? 구만리 우주 속에 큰 물결뿐이로다. 등 뒤쪽을 돌아보니 동래(부산)의 산이 눈썹 같고, 동남을 돌아보니 바다는 끝이 없네. 위아래 푸른빛이 하늘 밖에 닿아 있네. 슬프다! 우리 가는 길이 어디란 말인가?

시의 창작 배경 및 상황

〈일동장유가〉는 1764년(영조 40년)에 공주 출신 김인겸이 일본을 다녀와 지은 장편 기행가사예요. 4음보를 1행으로 볼 때 4200여 행에 달하는 장편 한글 시랍니다.

김인겸은 계미통신사의 삼방서기(三房書記)[*]로 한양을 출발해 일본 에도를 다녀오며 보고하는 형식으로 이 가사를 썼어요. 계미통신사는 조선 후기 통신사가 재개된 후 11번째 통신사행이었죠. 그는 11개월의 여정을 시간 순서대로 구성하여 구체적인 날짜, 기후, 노정 등을 자세하게 기록했고, 보고 듣고 느낀 것뿐 아니라 비판과 해학도 곁들여 실감 나게 묘사했답니다.

★ **삼방서기**: 통신사를 보좌하여 여러 기록을 책임지는 사람

김인겸 알아보기

김인겸은 명문가의 자제였지만 할아버지가 서출 출신이라 과거에
급제하고도 현감에 그치는 신분적 한계가 있었어요. 14세에 아버지를
여의고 가난 때문에 공부를 제대로 하지 못하다가 47세(1753년)에 사
마시에 합격하여 진사가 되었지요. 47세면 당시로는 엄청 늦은 나이에
관직에 진출한 것이랍니다. 일본을 다녀온 나이도 57세였으니 그가 본
모든 것이 새로웠을 거예요. 당시 김인겸이 방문한 일본 에도의 인구
는 100만이 넘었고 상업이 활발하여 대도시로 발달하던 시기였어요.
향촌의 선비로 살아온 그가 '우물 안 개구리'였음을 깨닫고 큰 충격을
받았을 것으로 추측돼요.

조선통신사

조선통신사는 조선시대에 일본으로 보낸 공식적인 외교 사절단을
말해요. 조선은 명(중국)과 사대관계를 맺고 있었지만, 조선과 일본은
동등한 입장에서 서로 사절단을 파견했어요. 일본도 조선에 일본국왕

사[*]를 파견했지요. 다만 임진왜란 때 일본국왕사가 오가던 길이 침략로로 이용되면서 조선 후기에는 조선이 국왕사의 입국을 금지하기도 했답니다. 조선시대 전체 기간 동안 통신사는 총 20회 일본을 오갔는데 통신사가 일본에 간 이유는 여러 가지였어요. 국왕의 명을 전달하기 위한 목적도 있었고, 양국 간의 긴급한 문제를 해결하려는 목적도 있었어요. 또, 문화와 학술을 교류하기 위한 목적도 있었지요. 통신사는 수행 인력까지 적게는 50명에서 많게는 500명을 넘기도 했어요. 통신사가 한양(서울)을 출발해 지금의 부산인 동래에 도착하면 대마도에서 파견된 관리가 마중 나왔고, 대마도에 도착한 후에는 일본 내륙 깊숙이 들어갔다고 해요. 당시 교통 상황으로 한양에서 부산까지 가는 데만 2개월이 소요되었다고 하니 그 여정이 대단히 길었음을 알 수 있지요.

김인겸이 살았던 시대

김인겸은 1707년(숙종 33년)에 태어나 1772년(영조 48년)에 사망했어요. 숙종과 영조의 시대는 장희빈과 인현왕후, 사도세자까지 드라마틱한 일이 많았던 시대였어요.

영조는 숙종과 무수리 출신(침방 궁녀였다는 설도 있음)인 숙빈 최씨 사이에서 태어났어요. 영조는 출신에 대한 콤플렉스를 가지고 있었는데, 어머니가 후궁도 아닌 궁녀보다 낮은 신분인 무수리였기 때문이에요. 그럼 숙종 때부터 벌어진 드라마틱한 사건들을 살펴볼게요.

★ **일본국왕사:** 일본이 조선 조정에 파견한 공식 외교 사절단

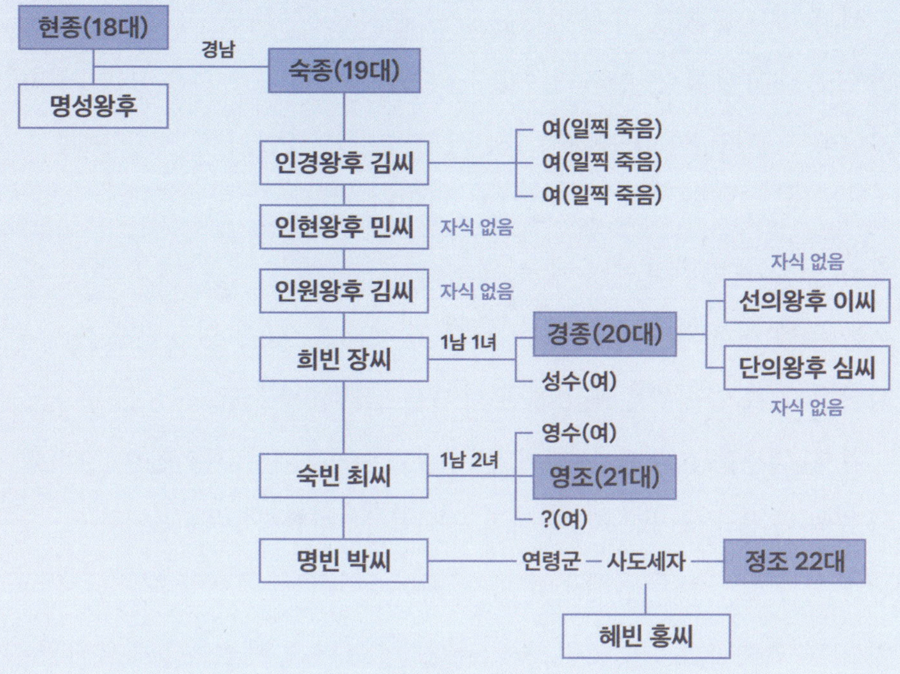

영조, 정조 가계도

드라마보다 더 극적인 숙종, 인현왕후, 장희빈의 시대

조선 제19대 왕 숙종은 12살 어린 나이에 즉위했어요. 숙종의 왕비 중 두 번째 왕비가 인현왕후였고, 세 번째가 희빈 장씨, 우리가 흔히 말하는 장희빈이었어요.

희대의 악녀로 그려지는 장희빈은 역관(통역사) 집안의 딸로 부유하게 자랐고, 궁녀로 뽑혀 궁중에 들어갔어요. 숙종의 첫 번째 부인인 인경왕후가 천연두로 사망한 후 장희빈은 숙종의 총애를 한껏 받았어요. 1688년(숙종 14년)에 희빈 장씨가 왕자를 낳자 숙종은 그 아이를 원자로 책봉하며 장씨를 희빈으로 봉했어요.

세자 책봉 문제 등의 부당함을 알린 송시열은 삭탈관직 당하고 성문 밖으로 내쳐졌어요. 장씨 집안은 남인과 친분이 있었는데, 서인의 송시열마저 물러났으니 정계는 남인이 주도하게 되었지요.

숙종의 두 번째 부인 인현왕후는 왕비가 되었다가 폐위되고 다시 복위되는 등 파란만장한 삶을 살게 돼요. 《조선왕조실록》에 의하면 이 모든 일에 장씨의 음모가 있음을 알 수 있어요. 당시 김만중이 쓴 《사씨남정기》가 인현왕후와 장희빈 사이를 짐작하게 하죠.

원자 책봉을 둘러싼 논쟁이 일어났고, 이 문제로 서인들이 권력을 잃고 대거 물러났어요. 이 정치적 변화를 '기사환국'이라 부르는데, 그 결과 조정의 실권은 남인들이 차지하게 되었어요. 인현왕후는 당시 아이를 낳지 못하고 있었으며 '탄일 문안 사건'으로 폐위를 당했어요. 당시에는 숙종의 증조할머니 장렬왕후의 국상 기간이었기에 숙종은 어명을 내려 인현왕후에 대한 생일 문안을 금지했는데, 인현왕후가 이를 어겨 폐비된 것이죠. 그러나 1694년 숙종이 남인을 정리하는 '갑술환국'이 일어나고 장희빈이 서궁으로 쫓겨나면서 인현왕후는 복위되었어요. 복위된 후에도 인현왕후는 아이를 낳지 못했고, 장희빈이 낳은 원자(훗날의 경종)를 친 자식처럼 아끼며 키웠어요. 하지만 몸이 약했던 인현왕후는 투병 중 사망해요.

그녀의 죽음 뒤에는 인현왕후의 죽음을 바라며 저주하는 굿까지 마다하지 않았던 장희빈이 있었어요. 이 사실을 알게 된 임금은 장희빈에게 스스로 자결하라고 했죠. 드라마에는 사약을 마시는 것으로 나오지만, 정사 기록에는 목을 매어 자결했다고 나와 있어요. 이후 희빈의 아들이 경종으로 즉위했지만 일찍 사망하게 돼요. 숙종과 숙빈 최씨 사이에는 아들이 있었는데, 그 아들이 세자가 되고 결국 왕위를 물려받았지요. 그가 바로 영조랍니다.

사도세자 뒤주 사망 사건

영조는 정조의 할아버지로 영, 정조 시대의 조선은 이른바 '문예 부흥'이라고 할 만한 성취를 이루었어요. 하지만 영조는 자신의 아들 사도세자를 뒤주에 가두어 죽이는 비극적 사건을 일으켜요. 영조는 첫째 아들 효장세자가 일찍 죽은 뒤 41세라는 늦은 나이에 사도세자를 얻었어요. 그런 만큼 사도세자는 영조의 총애를 받으며 자랐어요. 사도세자가 두 살이라는 어린 나이에 세자 책봉이 된 것만으로도 알 수 있지요. 하지만 세자 책봉 이후 어린아이가 짊어져야 할 삶의 무게 또한 만만치 않았을 거예요.

사도세자가 15살이 되었을 때 세자의 대리청정이 결정되고 영조는 세자에게 정사를 익히도록 했어요. 영조는 대리청정을 맡기면서도 **균역법*** 같은 파격적인 정책을 펼쳤어요. 하지만 자신의 기대에 부응하지 못하는 사도세자를 자주 꾸짖었고, 병치레를 한 사도세자를 한겨울에 눈 위에서 석고대죄하게도 했지요. 어느 날은 이마에 피가 나도록 죄를 빌게도 했어요.

그 무렵 사도세자가 군대를 일으켜 역변을 시도할 거라는 고변 사건

★ **균역법**: 백성의 세금 부담을 줄이기 위해 군포 부담을 경감하는 것과, 줄어든 재원을 마련하기 위한 방안

도 일어났어요. 세자는 옷을 입는 걸 두려워한다거나 내관을 매질하고 여러 사람을 죽이는 등 이상 행동을 보이기 시작해요. 무서운 아버지와 혹독한 궁궐 생활에서 사도의 마음은 병들어 갔어요. 당시 정치적으로도 노론과 소론의 다툼이 클 때라 사도와 관련된 일들이 정쟁으로까지 번졌고, 영조는 사도세자를 뒤주에 가두어 죽였어요. 이 사건이 '임오화변'이에요. 사도세자의 아들 정조는 당시 10살이었는데, 어린 나이에 이 모든 것을 목격하게 되었어요. 감당하기 어려운 큰 충격이었을 거예요. 하지만 정조는 영조의 뜻에 따라 정치적 복수를 하지 않고 탕평책*을 펼치며 뛰어난 군주로 성장했어요. 영조는 더 이상 다른 아들이 없었기에 세손(정조)을 후계로 삼았고, 정조는 조선 제22대 왕이 되어 선정**을 펼치게 되었답니다.

★ **탕평책:** 조선 후기 영조·정조 시기 붕당 간의 갈등과 대립을 극복하고 공존하기 위해 추진된 정책

★★ **선정:** 백성을 바르고 어질게 잘 다스리는 정치

일제강점기
조선 시대
개화기~1910
1920~1945
광복이후
1990년대 이후

26

빼앗긴 들에도 봄은 오는가
봄을 기다리며

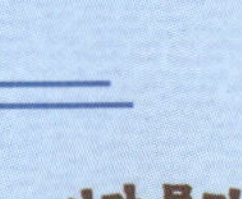

Q. 봄이 오겠소?

빼앗긴 들에도 봄은 오는가

- 이상화

지금은 남의 땅—빼앗긴 들에도 봄은 오는가?

나는 온몸에 햇살을 밧고,

푸른 한울 푸른 들이 맛부튼 곳으로,

가름아가튼 논길을 따라 꿈속을 가듯 거러만 간다.

입슐을 다문 한울아 들아,

내 맘에는 내 혼자 온것 갓지를 안쿠나.

네가 끌엇느냐, 누가 부르드냐, 답답워라, 말을 해 다오.

바람은 내 귀에 속삭이며,

한 자욱도 섯지 마라, 옷자락을 흔들고

종조리는 울타리 넘의 아씨가티 구름 뒤에서 반갑다 웃네.

고맙게 잘자란 보리밧아,

간밤 자정이 넘어 나리던 곱은 비로

너는 삼단 가튼 머리를 깜앗구나. 내 머리조차 갑븐하다.

혼자라도 갓부게나 가자.

마른 논을 안고 도는 착한 도랑이

젖먹이 달래는 노래를 하고, 제 혼자 엇게춤만 추고 가네.

나비, 제비야, 깝치지 마라.

맨드램이, 들마꽃에도 인사를 해야지.

아주까리 기름을 바른 이가 김을 매던 그들이라 다보고 싶다.

내 손에 호미를 쥐어 다오.

살찐 젓가슴과 가튼 부드러운 이 흙을

발목이 시도록 밟어도보고, 조흔 땀조차 흘리고 십다.

강가에 나온 아해와 가티,

짬도 모르고 끗도 없이 닷는 내 혼아

무엇을 찾느냐, 어데로 가느냐, 웃어웁다, 답을 하려무나.

나는 온 몸에 풋내를 띠고
푸른 웃슴, 푸른 설음이 어우러진 사이로
다리를 절며 하로를 것는다. 아마도 봄 신령이 접혓나 보다.

그러나 지금은— 들을 빼앗겨 봄조차 빼앗기것네.

빼앗긴 들에도 봄은 오는가

빼앗긴 들은 일제강점기의 우리나라를, 봄은 광복(해방)을 의미함

- 이상화(李相和, 1901~1943)
일제강점기의 시인, 독립운동가

지금은 남의 땅—빼앗긴 들에도 봄은 오는가?

나는 온몸에 햇살을 받고
푸른 하늘 푸른 들이 맞붙은 곳으로
가르마 같은 논길을 따라 꿈 속을 걸어만 간다.

입술을 다문 하늘아, 들아,
내 맘에는 내 혼자 온 것 같지를 않구나!
네가 끌었느냐, 누가 부르더냐. 답답워라, 말을 해 다오.

바람은 내 귀에 속삭이며
한 자욱도 섯지 마라, 옷자락을 흔들고.
종다리는 울타리 너머 아씨같이 구름 뒤에서 반갑다 웃네.

고맙게 잘 자란 보리밭아.
간밤 자정이 넘어 내리던 고운 비로

너는 삼단 같은 머리털을 감았구나, 내 머리조차 가뿐하다.
혼자라도 가쁘게나 가자.
마른 논을 안고 도는 착한 도랑이
젖먹이 달래는 노래를 하고, 제 혼자 어깨춤만 추고 가네.

나비 제비야 깝치지 마라.
맨드라미 들마꽃에도 인사를 해야지.
아주까리 기름을 바른 이가 지심 매던 그들이라 다 보고 싶다.

내 손에 호미를 쥐어 다오.
살진 젖가슴과 같은 부드러운 이 흙을
발목이 시도록 밟아도 보고, 좋은 땀조차 흘리고 싶다.

강가에 나온 아이와 같이,
짬도 모르고 끝도 없이 닫는 내 혼아
무엇을 찾느냐, 어디로 가느냐, 웃어웁다, 답을 하려무나.

나는 온몸에 풋내를 띠고,
푸른 웃음 푸른 설움이 어우러진 사이로
다리를 절며 하루를 걷는다. 아마도 봄 신령이 지폈나 보다.

그러나, 지금은— 들을 빼앗겨 봄조차 빼앗기겠네.

시의 창작 배경 및 상황

〈빼앗긴 들에도 봄은 오는가〉는 일제강점기의 저항 시인 이상화의 시예요. 일제강점기 지식인들은 목숨을 건 '선택'을 해야 했어요. 친일을 하며 호의호식할 것인가, 나라와 민족에 대한 의리를 지키며 저항할 것인가.

누군가 "당신은 이런 상황에서 어떻게 할 것이냐"라고 묻는다면 아마 우리 모두 깊은 고민에 빠지게 될 거예요. 몇 월 며칠에 독립이 될 것이니 그때까지만 참고 견디면 된다는 약속 같은 건 없었을 테니까요. 실제로 수많은 지식인이 친일을 했고 변절했으며, 독립운동을 하다가도 밀정(간첩, 스파이)이 되었던 시대였으니까요.

이 시는 '빼앗긴 들에도 봄은 오는가'라는 탄식과 질문으로 시작해요. 실제로 이 질문의 답을 찾는 과정이 일제강점기 지식인들의 삶이었어요. 지금은 남의 땅이 된 나의 사랑하는 조국에서 슬픔과 울분을 가득 안고 봄을 기다리는 시인의 마음이 시어 하나하나에서 살아 움직이는 것 같아요. 하지만 수십 년 동안 봄이 와도 빼앗긴 들에서는 봄조차 온전히 누릴 수 없었지요. 따뜻하고 찬란한 봄을 탄식으로 맞아야 하는 아픔을 느낄 수 있는 시랍니다.

> **참고!**
> 앞으로 일제강점기 우리 민족의 대표적인 시를 살펴볼 거예요. 이상화, 이육사, 윤동주, 한용운, 정지용 시인의 작품이에요. 이 다섯 명의 시인은 모두 일제강점기라는 시대를 살면서 우리 민족의 정신과 말, 글을 아름답게 다듬으며 항일 정신과 굳센 신념을 시로 표현했어요.

이상화 알아보기

우리 민족에게 희망을 심어 주고, 조국 독립을 위해 애쓴 시인 이상화는 어떤 사람이었을까요?

이상화의 형제들은 모두 독립운동가였어요. 이상화는 3·1 운동 당시 독립선언문을 배포하기도 했지요. 《운수 좋은 날》의 작가 현진건의 소개로 〈백조〉라는 문학잡지의 동인(뜻을 같이하는 사람)이 되어 활동하며 일본에서 유학도 했어요. 하지만 1923년 관동 대지진 때 일본인들이 많이 사망하자, 일본은 조선인이 우물에 독을 탔다는 유언비어를 퍼뜨리며 조선인에 대한 무차별 공격과 학살을 자행했어요. 이에 분노한 이상화는 일본에서의 공부를 중단하고 귀국했지요. 1926년 〈빼앗긴 들에도 봄은 오는가〉를 발표했고, 1928년 독립운동단체인 '신간회' 출판부 간사로 활동했어요. 그러나 꿈에 그리던 광복을 2년 앞둔 1943년 42세 나이로 사망하게 돼요. 그토록 보고 싶었던 '봄'을 끝내 맞이하지 못한 채 말이죠.

일제는 조선을 어떻게 식민지로 지배했나

일제의 식민 통치는 그 방법을 다양하게 바꾸며 우리 민족을 말살하는 방향으로 나아갔어요. 일제강점기는 '일제가 어떤 방식으로 통치했는가'를 기준으로 세 시기로 나누어 볼 수 있어요.

첫 번째 시기는 1910년 경술국치부터 1919년 3·1 운동까지로 무단 통치를 하는 시기예요. 두 번째 시기는 3·1 운동 이후 1931년 일제가 만주를 침략할 때까지로 문화 통치를 하는 시기예요. 세 번째 시기는 만주 침략부터 일본 패망까지로 민족 말살 통치를 하는 시기예요. 즉 무단 통치-문화 통치-민족 말살 통치, 이렇게 세 시기로 나누는 것이지요. 하지만 세 시기 모두 본질적으로는 가혹한 식민 통치였어요.

무단 통치

무단 통치는 말 그대로 군대와 경찰 등 무력으로 조선을 통치하는 시기였어요. 헌병이 치안뿐만 아니라 행정과 사법에까지 커다란 권한을 갖고 식민지 주민을 직접 지배했기 때문에 '헌병경찰제'라고도 불러요. 일제는 이러한 체제에 기초하여 조선총독부의 행정관리뿐만 아니라 학교 교원들에게까지 제복을 입고 칼을 차게 하면서 조선 주민들을 위협하는 군사 통치를 했어요.

이러한 무단 통치 아래에서 조선인은 언론, 집회, 출판, 결사의 자유를 박탈당했고, 정치 활동은 거의 불가능했어요. 식민지 통치에 저항하거나 혐의가 있다는 이유만으로도 사람들을 감옥에 가두었지요. 한때 10만 명 가까운 사람들이 민족 운동 혐의로 감옥에 갇히기도 했으니 얼마나 가혹하게 탄압했는지 알 수 있어요. 또 토지 조사 사업을 통해 수많은 농민의 농토를 빼앗고, 빼앗은 토지를 동양척식주식회사와 조선으로 이주한 일본인에게 헐값으로 나누어 주기도 했어요.

문화 통치

이런 억압에 결코 좌절하지 않았던 우리 민족은 1919년 3·1 운동을 펼쳐요. 우리 국민의 패기와 단합된 마음, 결연한 의지와 굴하지 않는 민족성을 보여 준 큰 사건이었죠. 3·1 운동은 전국으로 퍼져 나갔고, 이에 일본은 무단 통치만으로는 조선인을 통제할 수 없음을 깨달았어요.

일제는 우리 민족을 회유하기 위해 겉으로는 조선인의 교육 기회를 확대하거나 언론, 출판, 집회, 결사의 자유를 제한적으로 허용하고, 한글 신문 간행도 허가하는 등 이른바 '문화 통치'로 식민 통치의 기조를 바꿨어요. 일본인만 임명되던 총독부 관리직에 한국인도 임명했으며, 헌병경찰제를 보통경찰제로 바꾸어 한국인에 대한 탄압을 완화하는 것처럼 보였어요. 그러나 일제의 문화 통치는 실제로 한민족을 분열시키고 친일파를 양성하여 독립운동을 막으려는 목적이었어요.

3·1 운동을 통해 해외에서 활동하던 독립운동가들은 하나의 단결된 힘이 필요하다고 느꼈어요. 독립운동가들은 중국 상하이에 '대한민국 임시정부'를 수립하고, 1919년 4월 11일 대한민국 임시헌장을 공표했어요. '대한민국은 민주공화국으로 함'이라는 제1조로 대한민국을 민주공화국으로 천명했죠. 비로소 우리나라의 임시정부가 수립되었지요.

민족 말살 통치

1931년 만주 침략 이후 일제는 본격적으로 '민족 말살 통치'를 시작해요. 특히 중일전쟁과 태평양전쟁에 필요한 인적, 물적 자원을 우리나라에서 빼앗아 조달했어요. 또한 황국 신민 서사를 암송하게 하거나 신사 참배를 강요하면서 우리 민족성을 말살하려 했어요. 우리 민족을 더 손쉽게 전쟁에 동원하기 위해 한국 역사를 왜곡하고 역사 교육을 금지했어요. 관공서와 학교에서는 한국어 사용을 금지하고 창씨개명*을 강요했어요. 남자들을 강제로 끌고 가 전쟁터로 내몰거나 광산에서 강제 노동을 시켰고, 여자들을 일본군 위안부로 끌고 가 인권을 유린했죠. 우리 민족에게 너무도 긴 어둠의 시간이었어요. 하지만 어둠이 길다는 건 새벽이 가까워졌음을 의미하지요. 1945년, 우리는 찬란한 광복을 맞이하게 된답니다.

★ **창씨개명:** 우리 고유의 성명을 일본식으로 바꾸는 것

광야

초인을 기다리며

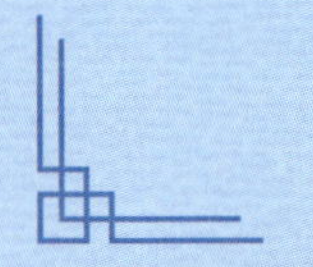

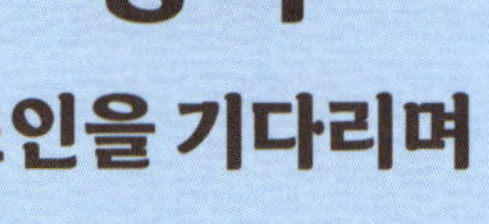

광야

- 이육사

까마득한 날에

하늘이 처음 열리고

어데 닭 우는 소리 들렸으랴.

모든 산맥들이

바다를 연모해 휘달릴 때도

차마 이곳을 범(犯)하던 못하였으리라.

끊임없는 광음(光陰)을

부지런한 계절이 피어선 지고

큰 강물이 비로소 길을 열었다.

지금 눈 나리고
매화 향기 홀로 아득하니
내 여기 가난한 노래의씨를 뿌려라.

다시 천고(千古)의 뒤에
백마 타고 오는 초인(超人)이 있어
이 광야에서 목놓아 부르게 하리라.

광야(曠野)

밝을 광(曠), 들판 야(野) 넓은 들판이 아닌 밝은 들판을 의미함,
대한 독립을 염원하며 지은 시

- 이육사(李陸史, 1904~1944)

일제강점기의 독립운동가이자 시인.
본명은 이원록(이원삼)이나 수인번호였던 264로 개명

까마득한 날에

태초에

하늘이 처음 열리고

하늘이 처음 열리고

어데 닭 우는 소리 들렸으랴.

새로운 세계를 여는 닭 우는 소리가 들렸겠는가?

모든 산맥들이

모든 산맥들이

바다를 연모해 휘달릴 때도

바다를 사랑하며 휘달릴 때도

차마 이곳을 범(犯)하던 못하였으리라.

차마 우리 민족의 터전을 침범하지는 못하였으리라.

끊임없는 광음(光陰)을

끊임없는 세월을

부지런한 계절이 피어선 지고

부지런한 세월이 흐르고

큰 강물이 비로소 길을 열었다.

문명이 길을 열었다.

지금 눈 나리고

지금 눈이라는 고난이 내리나

매화 향기 홀로 아득하니

광복을 향한 고고한 향기가 홀로 아득하니

내 여기 가난한 노래의씨를 뿌려라.

난 조국의 광복을 위해 희생하겠노라.

다시 천고(千古)의 뒤에

오랜 미래에

백마 타고 오는 초인(超人)이 있어

흰 말을 타고 오는 성스러운 존재가 있어

이 광야에서 목놓아 부르게 하리라.

이 땅에서 목 놓아(힘차게) 부르게 하리라.

시의 창작 배경 및 상황

까마득한 날에 하늘이 처음 열린 이후 이토록 아름다운 우리 땅은 늘 그 자리에 있었지요. 비록 일제의 침략으로 고통에 몸부림치고 있지만 계절은 흐르고 큰 강물은 멈추지 않고 흘러요. 아무리 일제가 탄압하고 막아도 우리 민족의 정신은 면면히 흐르죠. 지금은 눈 내리는 겨울에 가난하게 서 있지만, 희망의 노래를 뿌리겠다는 시인의 의지와 지조가 빛납니다. 그는 언젠가 이 추위와 어둠을 뚫고 올 초인이 광복의 '빛'을 가져올 것이라 믿고 있거든요.

이육사는 강한 저항 정신에 '희망'을 녹여 내 일제강점기 우리 민족의 의지와 정신을 고취시켰어요. 지금 들어도 가슴에서 불꽃이 일어나는데, 당시 이 시를 읽었던 국민들은 얼마나 가슴이 벅찼을까요? 당시 이 시는 많은 사람에게 독립에 대한 의지를 다지게 했을 거예요.

이육사 알아보기

이육사의 실제 이름은 이원록이에요. 자신이 교도소에 수감됐을 때 받은 수인번호 264번을 따 이육사로 불렸지요. 그는 39년의 짧은 생애 동안 옥살이만 17번 했다고 해요. 나쁜 죄를 지어서가 아니라 오직 나라의 독립을 위한 일을 했다는 이유로 말이죠.

이육사의 〈광야〉는 이육사가 죽고 동생 이원조가 해방 후 신문에 기고하면서 1945년 12월에 공식 발표된 시예요. 이육사는 안타깝게도 애타게 기다리던 초인의 출현을 보지 못하고 1944년에 생을 마감했어요.

1919년 3·1 운동이 일어났을 때 국민들은 어떤 무기도 소지하지 않은 채 그야말로 비폭력 무저항 정신으로 '대한 독립 만세'만 외쳤어요. 하지만 일제는 무참히 총을 쏘고 사람들을 고문하고 죽였어요. 이에 독립운동가들은 비폭력 운동만으로 독립을 이루기 어렵다는 것을 깨닫고 무력 투쟁으로 방향을 바꾸기 시작했어요.

먼저 1919년 11월 중국 지린성에서 11명의 청년이 모여 '의열단'을 만들었어요. 김구 선생보다 높은 현상금이 걸렸던 김원봉을 중심으로 의열단을 창단한 거예요. 의열단은 일본 고위 관리를 암살하거나 일본 관공서를 폭파하는 등의 무력 투쟁을 시작해요. 1923년 일본이 관동대지진으로 생지옥과 같은 상황이었을 때 이육사는 일본 유학길에 올랐어요. 당시 일본은 조선인들이 우물에 독을 풀고 건물에 불을 질렀다며 자연적으로 일어난 지진을 조선인의 책임으로 전가했어요. 성난 일본인들은 조선인을 보이는 대로 죽이거나 가두어 고문하며 끔찍한 학살을 시작했죠. '관동대지진'이 '관동대학살'로 바뀌게 되면서 아무 죄 없이 죽게 된 조선인이 6600명이 넘었지요. 이육사는 자신이 조선인임을 숨기고 쓰러져 죽어 가는 조선인의 시체를 보며 도망쳐야 했어요. 이육사가 이후 의열단 활동을 한 것을 보면, 일본 유학도 독립운동과 관련이 있으리라 추측할 수 있어요.

1927년 대구 조선은행 앞으로 누군가 자전거를 몰고 와서는 나무 상자를 들고 은행 안으로 들어갔어요. 상자 안에는 꿀 항아리가 있었는데 이상하게 타는 냄새가 났다고 해요. 폭탄이 들어 있었던 거죠. 그 냄새를 맡은 경비원이 신고했고 경찰은 자전거를 탄 사람을 찾기 시작했어요. 마침 은행 앞에서 꿀 항아리를 실은 자전거를 발견했고 수사관들이 자전거로 다가간 순간 상자가 폭발했어요. 의심 가는 사람들을 체포했는데 이원록(이육사)과 그의 형제가 포함되어 있었어요. 사실 이들은 이 사건과는 관계가 없었다고 해요. 매서운 고문을 수차례 받으며 1년 7개월의 옥살이를 하고 풀려난 그는 독립운동의 의지를 다지며 수인번호 264를 자신의 이름으로 삼게 돼요.

1932년 어느 날 이육사가 실종되었어요. 그를 찾기 위한 수배령이 떨어졌지만 그는 이미 중국으로 넘어가 난징에 있는 '조선 혁명 군사 간부 학교'에 입학한 뒤였죠. 이곳은 의열단이 만든 학교로, 조선 독립을 위한 독립군 장교를 양성하여 조직적인 독립운동을 하기 위해 세워진 곳이에요. 육사는 이 학교의 1기 생으로 입학해 군사 훈련을 받으며 사격과 승마를 배워 명사수가 되었고 여러 나라 언어를 공부하기도 했어요. 이제 그는 펜이 아닌 총을 들었고, 나라의 독립을 이루려는 희망과 꿈이 함께했어요.

6개월의 훈련을 받은 후 육사는 비밀 임무를 수행하기 위해 조선에 들어왔는데, 누군가의 밀고로 일본 경찰에 체포되어 7개월간 감옥살이를 하게 돼요. 하지만 그의 정신은 꺾이지 않았어요. 중국 충칭의 대한민국 임시정부를 찾아가 국내에서 무장 항일 투쟁을 계획하지만, 1943년 어머니와 형의 장례를 치르려고 잠시 귀국했다가 헌병대에 체포되어 베이징으로 압송되고 말아요. 육사는 한여름에 잡혀가 얇은 옷을 입고 있었는데 한겨울의 추위를 온몸으로 받으며 고문과 추위에 시달렸어요. 결국 광복을 1년여 남긴 1944년 1월 16일 새벽, 외롭게 생을 마감했어요. 그의 유품으로 만년필 한 자루와 작은 종이쪽지가 있었는데 거기에 바로 〈광야〉가 적혀 있었어요.

〈광야〉는 그가 죽기 전 마지막으로 쓴 유고시예요. 이런 배경을 놓고 시를 다시 읽어 보면 마지막까지 초인을 기다렸던 그의 애절함이 더 간절하게 느껴져요.

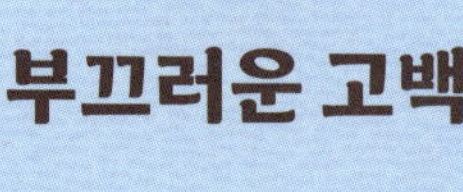

28

서시
부끄러운 고백

Q. 일제강점기 지식인의 책임은 무엇인가?

서시

- 윤동주

죽는 날까지 하늘을 우러러
한 점 부끄럼이 없기를,
잎새에 이는 바람에도
나는 괴로워했다.
별을 노래하는 마음으로
모든 죽어가는 것을 사랑해야지.
그리고 나한테 주어진 길을
걸어가야겠다.

오늘 밤에도 별이 바람에 스치운다.

시의 창작 배경 및 상황

* 참고: 28~30 작품은 시의 창작 배경 및 상황을 '역사가 답하다' 부분에 포함해 설명했습니다.

〈서시〉는 윤동주의 유고 시집《하늘과 바람과 별과 시》의 첫머리에 제목 없이 실린 시예요. 시집을 여는 첫 시라는 의미에서 '서시'라는 제목이 붙었어요.

윤동주는 시인으로서 나라를 빼앗긴 조국 앞에 늘 부끄러워했어요. 그가 친일을 한 것도, 민족을 배신한 것도 아니었지만 그저 지식인의

윤동주, 한국일보(2025.02.22.)

책임감으로 부끄러움을 느꼈어요.

이 시는 내용상 세 연으로 나눌 수 있는데 '하늘, 바람, 별'로 구성되어 있어요. 하늘을 우러러 한 점 부끄러움이 없는 삶, 잎새에 이는 바람에도 괴로운 삶, 별을 노래하는 마음처럼 말이죠.

윤동주 알아보기

윤동주(1917~1945)는 북간도 명동촌, 아름다운 자연환경 속 기독교 가정에서 평화롭게 자랐어요. 조용하고 순했던 그는 초등학교 5학년 때 친구들과 〈새명동〉이라는 잡지를 발간하기도 했어요. 문학 소년으로 성장해 가고 있었죠. 중학교 때는 공부는 물론 축구도 잘하는 재주 많은 소년이었다고 해요.

시인의 꿈을 키우던 윤동주는 시인 정지용의 시 〈향수〉를 읽으며 쉽고 편안한 말로 시를 쓰기 시작했어요. 지금의 연세대학교인 연희전문학교를 졸업한 그는 조선의 지식인을 탄압했던 민족 말살 정책으로 깊은 고뇌에 빠졌고, 일본 유학길에 올라요. 하지만 유학을 가려면 조선의 이름과 성을 버리고 일본식 이름으로 '창씨개명'을 해야 했지요. 어쩔 수 없이 창씨개명을 한 윤동주는 그 부끄러움을 〈참회록〉이라는 시에 담았어요.

파란 녹이 낀 구리거울 속에

내 얼굴이 남아 있는 것은

어느 왕조의 유물이기에

이다지도 욕될까.

나는 나의 참회의 글을 한 줄에 줄이자.
— 만 이십사 년 일 개월을
무슨 기쁨을 바라 살아왔던가.

내일이나 모레나 그 어느 즐거운 날에
나는 또 한 줄의 참회록을 써야 한다.
— 그때 그 젊은 나이에
왜 그런 부끄런 고백을 했던가.
밤이면 밤마다 나의 거울을
손바닥으로 발바닥으로 닦아 보자.

그러면 어느 운석 밑으로 홀로 걸어가는
슬픈 사람의 뒷모양이
거울 속에 나타나온다.

윤동주는 일본에 타협한 거울 속에 비친 자신을 보며 부끄러워해요. 유학을 위해 이름을 일본식으로 바꾼 것만으로도 너무 슬프고 부끄러운 사람이 되어 버린 것이죠.

윤동주는 시인 정지용이 다녔던 일본 도시샤대학교로 편입해요. 친형제처럼 자랐던 고종사촌 송몽규, 죽마고우 문익환과 함께 글을 쓰며 나라의 독립을 위해 글 쓰는 사람이 할 일이 무엇인지를 늘 토론하고 고민했어요. 하지만 1943년 송몽규와 윤동주는 재일 유학생들 앞에서 조선 독립의 의지를 밝히고 민족 문화를 지켜야 한다고 연설했다는 이유로 2년 형을 선고받고 후쿠오카 형무소에서 순국하고 말아요.

그런데 이상한 점이 있어요. 윤동주도 송몽규도 20대 젊은 청년이었는데 수감된 지 2년도 되지 않아 옥사했다는 거예요. 그래서 일부에서는 일제가 그들에게 정체를 알 수 없는 주사를 계속 주입했고, 그로 인해 사망한 게 아니냐는 의혹을 제기하기도 했답니다.

《하늘과 바람과 별과 시》가 남게 된 사연

연희전문학교를 졸업하고 일본으로 유학을 떠나기 전, 윤동주는 자신이 쓴 시 가운데 〈별 헤는 밤〉 등 18편을 고르고 여기에 〈서시〉를 덧붙여 '하늘과 바람과 별과 시'라는 제목으로 시집을 출판하려고 했어요. 그런데 이양하 지도교수가 위험하다고 만류하는 바람에 대신 손으로 직접 쓴 시집 세 권을 만들었지요. 한 권은 본인이, 한 권은 이양하 교수가, 한 권은 후배인 정병욱이 나누어 가졌다고 해요. 윤동주의 시집을 건네받은 정병욱은 마침 학병*으로 나가게 되어 어머니께 이 원고를 잘 보관하라고 신신당부했고, 어머니는 원고를 항아리에 넣어 마루 밑에 보관했다고 해요. 그런데 윤동주가 일본에서 옥에 갇혀 사망하면서 한 권은 사라지고, 이양하 교수에게 건네진 원고도 행방이 묘

★ **학병:** 학생 신분으로 군대에 들어간 병사

연해졌어요. 정병욱은 해방 후 2년여 만에 학병에서 돌아와 어머니로부터 잘 보관된 원고를 받았어요. 그리고 1948년에 윤동주 시집을 출판하면서 오늘날 우리가 윤동주라는 시인을 알게 된 거예요. 그 한 권마저 없어졌다면, 일제강점기 독립의 굳은 마음을 담은 귀중한 작품과 시인 윤동주를 영영 잃어버릴 뻔했지요.

29

님의 침묵

만남은 헤어짐을, 헤어짐은 만남을

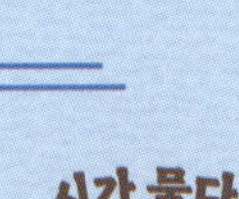

Q. 헤어짐은 새로운 만남을 약속하는가?

님의 침묵

- 한용운

님은 갔습니다. 아아, 사랑하는 나의 님은 갔습니다.

푸른 산빛을 깨치고 단풍나무 숲을 향하여 난 적은 길을 걸어서 차마 떨치고 갔습니다.

황금의 꽃같이 굳고 빛나든 옛 맹세는 차디찬 티끌이 되어서 한숨의 미풍에 날아갔습니다.

날카로운 첫 키스의 추억은 나의 운명의 지침을 돌려놓고 뒷걸음쳐서 사라졌습니다.

나는 향기로운 님의 말소리에 귀먹고 꽃다운 님의 얼굴에 눈멀었습니다.

사랑도 사람의 일이라 만날 때에 미리 떠날 것을 염려하고 경계하

지 아니한 것은 아니지만,

이별은 뜻밖의 일이 되고 놀란 가슴은 새로운 슬픔에 터집니다.

그러나 이별은 쓸데없는 눈물의 원천을 만들고 마는 것은 스스로

사랑을 깨치는 것인 줄 아는 까닭에

걷잡을 수 없는 슬픔의 힘을 옮겨서 새 희망의 정수박이에 들어부

었습니다.

우리는 만날 때에 떠날 것을 염려하는 것과 같이 떠날 때에 다시 만

날 것을 믿습니다.

아아 님은 갔지마는 나는 님을 보내지 아니하였습니다.

제 곡조를 못 이기는 사랑의 노래는 님의 침묵을 휩싸고 돕니다.

시의 창작 배경 및 상황

〈님의 침묵〉은 일제강점기 승려이자 독립운동가였던 한용운이 쓴 자유시예요. 한용운은 3·1 운동 독립선언서 작성에 참여하고 서명한, 민족 지도자 33인 중 한 사람이었어요. 이러한 배경 때문에 이 시에 나오는 '님'에 대한 해석은 다양해요. 먼저 '님'을 빼앗긴 조국으로 해석할 수 있어요. 또 작가가 스님이었기 때문에 불교의 깨달음이나 부처님으로 해석하기도 해요. 물론 사랑하는 연인으로 해석할 수도 있고요.

한용운 알아보기

한용운(1879~1944)은 독립선언서에 서명하고 자진 체포되어 3년간 복역했어요. 옥중에서도 변호사를 대지 말 것, 사식[*]을 들이지 말 것, 보석[**]을 요구하지 말 것, 이 세 가지를 내걸고 투쟁을 이어 갔지요. 공

★ **사식**: 사비로 교도소나 유치장에 보내는 음식

★★ **보석**: 보증금을 받거나 보증인을 세우고 형사 피고인을 구류에서 풀어 주는 일

판에서는 "자존심 있는 민족은 남의 나라의 간섭을 절대로 받지 아니하오. 4000년이나 장구한 역사를 가진 민족이 언제까지든지 남의 노예가 될 것은 아니오"라며 조선인의 자부심과 긍지를 표현했어요.

서대문형무소에 수감되었을 때 한용운은 검사로부터 "조선이 왜 독립이 되어야 하는가?"라는 질문을 받았어요. 이에 그는 '대한 독립의 서(書)'를 작성해 한 부를 검사장에게 주고, 한 부는 휴지에 적어 몰래 밖으로 전달했다고 해요. 이 글을 한용운의 제자가 받아 상하이에서 발간된 〈독립신문〉 제25호 부록에 '조선 독립에 대한 감상의 개요'라는 제목으로 실었어요.

글은 이렇게 시작해요. "자유는 만물의 생명이요, 평화는 인생의 행복이다." 그리고 이렇게 끝을 맺어요. "각 민족의 독립 자결은 자존성의 본능이요, 세계의 대세이며, 하늘이 찬동하는 바로써 전 인류의 장래에 다가올 행복의 근원이다. 누가 이를 억제하고 누가 이것을 막을 것인가." 그의 독립에 대한 태도와 자세를 엿볼 수 있는 부분이지요. 3년 복역 후 출소한 그는 민족의식 계몽을 위해 시집 《님의 침묵》을 출간했어요.

한용운은 시로만 독립을 주장한 것이 아니었어요. 직접 독립운동에 나서기도 했답니다. 1910년 경술국치* 후 중국의 신흥무관학교를 방문하고 우당 이회영 선생을 만나 독립운동을 협의했어요. 1927년에는 항

★ **경술국치**: '경술년에 일어난 나라의 치욕'이라는 뜻이며, 국권피탈, 일한병탄, 한일병합으로도 불림

일 단체인 '신간회'를 결성하는 데 큰 역할을 했고, 중앙집행위원장과 경성지회장 자리를 겸직했어요. 후에 신간회는 '광주 학생 의거' 등 전국적인 민족 운동을 전개하고 추진했지요. 한용운은 승려였지만 강한 애국심으로 불교계 독립운동을 주도했고, 민족 대표자로서 우리 민족에게 독립 의식을 고취하는 큰일을 해냈답니다.

30

향수
꿈엔들 잊힐리야

Q. 고향에 대한 그리움을 꿈에서는 잊을 수 있을까?

향수

- 정지용

넓은 들 동쪽 끝으로

옛 이야기 지줄대는 실개천이 휘돌아 나가고

얼룩백이 황소가

해설피 금빛 게으른 울음을 우는 곳

그 곳이 참하 꿈엔들 잊힐리야.

질화로에 재가 식어지면

뷔인 밭에 밤바람소리 말을 달리고

엷은 조름에 겨운 늙으신 아버지가

짚벼게를 돋아 고이시는 곳

그 곳이 참하 꿈엔들 잊힐리야.

흙에서 자란 내 마음
파아란 하늘 빛이 그립어
함부로 쏜 화살을 찾으려
풀섶 이슬에 함초롬 휘적시든 곳.
그 곳이 참하 꿈엔들 잊힐리야.

전설 바다에 춤추는 밤물결같은
검은 귀밑머리 날리는 어린 누이와
아무러치도 않고 예쁠 것도 없는
사철 발벗은 안해가
따가운 햇살을 등에 지고 이삭 줍던 곳
그 곳이 참하 꿈엔들 잊힐리야.

하늘에는 성근 별
알 수도 없는 모래성으로 발을 옮기고
서리 까마귀 우지짖고 지나가는 초라한 지붕
흐릿한 불빛에 돌아 앉어 도란도란거리는 곳,
그 곳이 참하 꿈엔들 잊힐리야.

시의 창작 배경 및 상황

눈앞에 펼쳐진 듯 생생한 묘사와 친숙한 시어로 우리 마음에 정감을 불러일으키는 〈향수〉는 윤동주가 사랑한 시인 정지용의 작품이에요.

'손을 뻗으면 닿을 듯, 귀 기울이면 게으른 소의 울음이 들릴 듯한 나의 고향!' 고향에 대한 향수(그리움)를 이토록 서정적으로 노래할 수 있다니, 시의 소재는 향토적이고 토속적이지만, 감수성과 표현법은 오늘날 쓰였다 해도 믿을 만큼 생생하고 세련됐어요. 그래서인지 사람들은 그를 '한국 현대시의 아버지'라 부르기도 해요.

정지용 알아보기

정지용(1902~1950)은 휘문고등보통학교를 졸업하고 일본 도시샤대학교 영문과를 졸업했어요. 앞서 이야기했듯 윤동주가 도시샤대학교에 편입한 것도 자신이 좋아하는 시인 정지용이 다니던 학교였기 때문이었지요. 실제로 윤동주는 정지용을 정신적 스승으로 여겼고, 윤동주의 유작《하늘과 바람과 별과 시》시집의 서문도 정지용이 썼다고 해요. 현재까지 많은 사람의 사랑을 받는 윤동주와 정지용의 인연이 참으로 신기하지요.

정지용은 일제강점기에 순수문학 단체인 '구인회'를 만들었어요. 구인회에는 〈날개〉의 이상 시인이나 극작가 유치진, 〈동백꽃〉의 김유정 소설가 등 현재까지 이름이 알려진 사람들이 많았어요. 청록파 시인으로 불리는 조지훈, 박목월, 박두진의 등단을 도운 것도 정지용이었고, 천재 시인 이상을 등단시킨 것도 그였어요. 그러나 정지용은 1942년 태평양전쟁이 시작되면서 일제의 강요로 전시 협력시를 쓰게 되었고, 이것이 마음에 걸려 더 이상 글을 쓰지 않겠다고 선언했어요. 아마 부끄러움 때문이었을 거예요. 윤동주가 말하는 그 부끄러움을 당시 지식인이었던 정지용도 똑같이 느꼈을 거고요. 광복 후에는 친일파를 비판하는 글을 쓰며 광복을 맞이한 시인으로 자신의 책임을 다하려고 노력했답니다.

한국전쟁과 정지용

우리에게는 일제강점기라는 가슴 아픈 역사와 함께 같은 동포끼리 총부리를 겨눈 한국전쟁이 있었어요. 일제강점기가 끝난 후 우리나라는 미국과 소련에 의해 38선을 기준으로 분단되었고, 김구 선생 등이 이에 강력히 반발했죠. 그 과정에서 많은 지식인이 자신의 사상에 따라 좌우로 대립했고, 일부는 북한으로 월북하고 일부는 남한에 남았어요.

해방 5년 후인 1950년 6월 25일에 한국전쟁이 발발했고, 북한군은 파죽지세로 밀고 내려왔어요. 결국 남한에 있는 사람들은 부산까지 피난을 떠나야 했지요. 이때 인천상륙작전*이 성공해 전세를 역전시켰고, 남한은 다시 서울을 탈환했어요. 그런데 서울에 남아 있던 정지용을 찾을 수 없었어요. 스스로 월북을 선택한 건지, 북한군에 의해 납치된 건지 확인할 수가 없었죠.

정지용은 훌륭한 시를 남긴 시인이었지만, 월북 시인으로 낙인 찍혀 1988년까지 이름조차 제대로 불릴 수 없었어요. 그의 책은 금서로 지정되고, 이름을 말하거나 시를 암송하는 것조차 금기시되었거든요. 하지만 월북 증거가 없고, 북으로 납치당하던 중 폭격으로 사망했다는 목격자 증언이 나오면서 납북 희생자임이 밝혀졌어요. 1988년 그의 시가 해금**되면서 정지용은 비로소 제대로 된 평가를 받을 수 있게 되었답니다.

★ **인천상륙작전**: 1950년 9월 15일, 유엔군 총사령관 더글러스 맥아더의 주도로 인천에서 단행된 상륙작전

★★ **해금**: 금지하던 것을 품

참고문헌

교과서, 참고서
고등학교 문학 교과서, 창비/지학사/미래엔
《해법문학 고전 시가》, 천재교육 문학 연구회, 천재교육, 2025

고서, 단행본
《가곡원류》
《고금가곡》
《고산유고》
《대악후보》
《병와가곡집》
《삼국유사》 2권
《선비행장》
《세종실록》 83권
《송강가사》
《시용향악보》
《악장가사》
《악학궤범》 5권
《청구영언》
《해동악부》
《해동역사》
《해행총재》
《고가연구》, 양주동, 박문서관, 1957
《고려가요의 어석 연구》박병채, 선명문화사, 1968
《님의 침묵》, 한용운, 1926
《육사시집》, 이육사, 1946
《정지용 시집》, 1935
《하늘과 바람과 별과 시》, 윤동주, 1941
《향가해독법연구》, 김완진, 서울대출판부, 1980
한국민속대백과사전, '삼종지도'

한국기록유산, ‘과부재가금지법’
한국고전종합DB, 《조선왕조실록》, 《중종실록》 14권, 《정조실록》 18권, 31권
한국학종합DB, 《난중잡록》
4.19혁명디지털아카이브

신문, 잡지, 사이트
〈개벽〉 70호, 1926. 06
〈조선지광〉 65호, 1927. 03
〈자유일보〉, 1945
조선일보, 시조의 향기, 2002.05.23.
한겨레, 임진왜란이 조선 백성을 ‘민족’으로 만들었다. 2019.10.19.
한국사데이터베이스, 《고려사》속악, 〈정과정〉
국가유산청, 국가유산포털
디지털성주문화대전
문화포털, 예술지식백과
우리역사넷
한국민족문화대백과사전
한국문화정보원, 문화체육관광부, 문화포털, 예술지식백과
한국술 고문헌 DB, 《악장가사》〈청산별곡〉 상세 주방문
한국학자료센터, 한국고전원문자료관
한국학중앙연구원, 향토문화전자대전, 디지털김천문화대전